KB267856

위험을 극복하는 힘

위험을 극복하는 힘

초판 1쇄 인쇄 2012년 08월 17일
초판 1쇄 발행 2012년 08월 24일

지은이 | 강경식
펴낸이 | 손형국
펴낸곳 | (주)에세이퍼블리싱
출판등록 | 2004. 12. 1(제2011-77호)
주소 | 153-786 서울시 금천구 가산동 371-28 우림라이온스밸리 C동 101호
홈페이지 | www.book.co.kr
전화번호 | (02)2026-5777
팩스 | (02)2026-5747

ISBN 978-89-6023-949-4 03320

위험을 극복하는 힘

성공으로 가는 좁은 길

강경식 지음

ESSAY

1부

위험을 바라보는 관점

1장

위험을 구입하는 사람,
위험을 회피하는 사람

1 위험 속에서 헤엄을 쳐라

위험이란 무엇인가. 인생에서 위험은 어려움, 해로움, 손해, 고난 등으로 볼 수 있다. 그리고 위험의 원인으로는 실패, 경쟁자, 사건과 재난 등 여러 가지가 있다. 즉 위험은 각종 원인으로 인해 현재 어려움, 손해에 직면한 상태를 말한다. 그러나 사람이 느끼는 위험은 훨씬 다양하다. 때문에 본 책에서는 위험의 범위를 상당히 넓게 두고 있다. 작게는 개인의 콤플렉스와 게으름, 나태함 등 자신으로부터 밀려오는 위험으로 시작해 크게는 경쟁자와 적 그리고 뜻하지 않은 사건과 재난으로부터 오는 위험이다.

위험은 극복할 수 있는 것과 극복할 수 없는 것으로 나뉜다. 목숨을 잃을 정도의 위험이 자신에게 현실로 다가온다면 그것은 극복할 수 없는 위험이다. 하지만 목숨을 잃을 정도의 위험이 아니라면 그것은 극복할 수 있는 것이다. 어떤 형식으로든 사람은 위험을 극복할 수 있는 가능성을 가지고 있다. 때문에 본 책에서 다루는 위험은 목숨을 잃지 않는 범위 안에서의 위험이다.(본 책에서는 불법을 지르는 행동은 위험으로 간주하지 않는다. 다만 불법을 지르고 난 후 정상적인 삶으로 돌아오는 과정에서 겪는 어려움은 위험으로 볼 수 있다.)

세상에는 많은 사람들이 있지만 위험의 관점에서 본다면 두 분류로 나누어진다. 위험 속에서 헤엄치는 사람 그리고 위험을 피해 안전한 곳만 찾는 사람으로 갈라진다. 위험 속에서 헤엄을 칠 줄 아는 사람은 1%도 안 되는 극소수의 사람들이다. 반면 위험을 회피하고 안전한 곳만 찾는 사람은 99%의 대부분의 사람들이다. 중요한 것은 이 1%의 사람들이 99%의 사람들을 지배한다는 것이다.

위험은 사람들에게 어떤 효과를 가져오며 그것을 극복하면서 오히려 위험을 즐기는 사람들은 어떤 방식을 가지고 있는 것인지, 필자는 매우 오랜 기간 동안 그리고 수많은 멘토들을 통해 연구하고 또 배워왔다. 그러면서 필자 또한 위험을 여러 번 겪었고 위험을 극복하는 과정을 거치면서 그 위험을 극복하는 방법을 몸으로 익혀왔다.

그렇다면 왜 위험을 즐기고 그 속에 몸을 던져야 하는가? 보통 사람들은 위험을 나쁜 것으로 본다. 위험은 피해야 하며 자신에게 위험이 없기만을 바란다. 하지만 위험의 진정한 힘을 알게 된다면 위험 속에서 헤엄치고 싶어질 것이다. 위험을 즐기고 싶어질 것이다.

자신에게 다가오는 위험을 극복하는 방법을 알고 싶어질 것이다.

위험은 물의 위력과 깊이만큼 두렵고 어려운 것이다. 그렇지만 당신은 그곳에서 헤엄을 칠 수 있다. 물을 두려워하지 않고 물속에서 헤엄을 치듯 위험 속에서 헤엄을 쳐라. 물속에서 헤엄을 칠 때 물은 우리에게 즐거움을 주는 놀이터고 몸도 건강하게 만들어준다. 위험 역시 당신이 두려움 없이 헤엄을 치고 즐긴다면 당신을 건강하게 만들어줄 것이다.

위험의 진정한 힘과 의미를 이 책에 기록하였다. 위험을 극복하여 자신에게 이롭게 하는 방법들을 기록하였다. 위험 속에서 헤엄치는 방법을 기록하였다. 자신에게 지금 어떤 위험이 있는가? 그 위험을 극복하고 오히려 자신에게 도움이 되게 하는 방법을 이 책을 통해 알도록 하자. 또한 앞으로 다가올 위험을 어떤 방식으로 극복해낼 것인지 이 책을 읽는 순간 그 방법들을 알게 될 것이다.

2 위험이 주는 의미를 알아라

세상은 매우 험난한 곳이다. 위험으로 가득한 곳이다. 많은 장애물과 위협을 가하는 적들로 가득하다. 세상은 절대 호락호락하지 않다. 많은 이들을 좌절시키며 또한 많은 이들에게 난관을 준다. 직장에서 쫓겨나게 만들고 뜻하지 않은 사고를 당하게 한다. 많은 이들이 세상이 가져다주는 어려움과 난관으로 고통을 당하고 있다. 돈을 벌기 위해 투자를 하려 해도 그곳에는 위험이 도사리고 있으며 꿈을 위해 열심히 노력해도 수많은 경쟁자와 방해자를 만나게 된다. 이처럼 세상에는 마음대로 되는 것이 하나도 없다. 오히려 세상은 거기에 위험까지 얹어준다.

세상이 이렇게 위험으로 가득한 곳이기에 몸을 사리며 안전한 곳으로 숨어야 하는 것일까? 그렇지 않다. 많은 사람들이 여기서 잘못 생각하고 있다. 세상에 위험이 많은 것은 그것을 이겨냄으로써 이루는 일에 의미를 주기 위해서다.

만약 세상이 모두 안전하며 위험과 난관이 존재하지 않는다면 그래서 경쟁자가 없다면 또한 자신의 마음대로 모든 일이 쉽게 이루어진다면 과연 자신이 하는 일에 의미를 부여할 수 있을까? 땀을 흘리지 않은 것과 난관을 극복하지 않은 정상은 의미가 없다. 우리가 등산을 하고자 했을 때 산을 직접 오르지 않고 리프트를 타고 정상에 쉽게 올라갔다면 그 정상에 올라선 의미가 과연 있는 것인가?

(세상이 주는 위험은 다양한 형태를 가지고 있는데 근본적으로는 두려움의 형태를 가지고 있다. 위험은 곧 두려움이며 그 두려움을 깨야만 우리는 하고자 하는 일을 이루어 나갈 수 있다. 위험은 다양한 형태를 가지고 있다고 했다. 어떤 위험이든 그것은 두려움을 동반한다. 그렇기 때문에 두려움을 깨고 그 위험을 돌파해야만 목표를 이룰 수 있다. 하지만 사람들은 쉽게 포기를 한다.)

위험은 나쁜 것이 아니다. 생각을 바꿔라. 오히려 위험을 기뻐하라. 그 위험을 깨고 자신이 이루어낼 목표와 그 의미를 생각하라. 생각을 해보자 세상이 안전함과 쉬운 것만 가득하다면 자신이 이루고 싶어 하는 꿈조차 의미를 가질 수 있다고 생각하는가?

위험을 깨고 자신에게 의미를 부여한 예를 들어보자. 세계적으로 유명한 처칠과 한국의 전쟁 영웅 이순신을 모두들 알고 있을 것이다. 그런데 이들이 태어난 시기에 만약 전쟁이라는 위험이 없었다면 처칠과 이순신은 과연 훌륭한 업적을 쌓을 수 있었을까? 전쟁이라는 위험 속에서 그들은 그 두려움에 굴하지 않고 그것을 극복하며 최선을 다해 노력한 사람들이다. 큰 위험이 그들에게 있었고 그 위험으로부터 오는 두려움을 극복하여 꿈과 목표를 향해 전진한 사람들이다.

이처럼 세상이 사람들에게 위험을 가져다주는 이유는 그것을 이겨내고 큰 의미의 업적을 쌓으라는 것이다. 랜스 암스트롱은 심각한 암에 걸렸다. 하지만 그는 그것에 굴하지 않았다. 매일 페달을 밟았다. 암이라는 위험은 그에게는 극복하라고 있는 것이었다. 그는 각종 사이클 대회에서 우승하였다. 그가 암이라는 위험을 딛고 우뚝 서자 세상은 그를 주목하였다. 그가 이룩한 의미에 대해 주목하였다. 그가 만약 암이라는 위험을 가지고 있지 않았다면 세상이 그를 주목하지 않았을 것이다. 랜스 암스트롱에게 암이라는 위험이 없고 오히려 강력한 경쟁자도 존재하지 않아 편안하고 쉽게 우승을 할 수 있었다면 세상은 그의 우승을 조롱하였을 것이다.

이제 자신의 앞에 커다란 위험이 있다면 그것으로부터 오는 두려움을 극복하라. 당장 그것을 깨부수기 위해 행동을 취하라. 다시 한 번 말하지만 위험은 극복하라고 있는 것이다. 그리고 그것으로부터 기회를 만들고 목표를 이루어나가라고 있는 것이다. 자신의 가능성을 폄하하지 말라. 당신은 어떤 위험이든 극복하고 부서버릴 수 있는 능력을 갖추고 있다. 대부분의 사람들은 일생동안 자신의 가능성 중 극히 일부만을 사용한다. 자신의 가능성을 깨닫지 못한 체 위험을 극복하지 못하고 현실에 안주한 사람들이 그렇게 많다는 것이다.

한 멘토의 경험을 예로 들어보겠다. 그는 어렸을 적 매우 가난했다. 하루는 어머니가 자신에게 시장에 가서 물건을 팔라고 했다. 그는 누가 볼까봐 그 물건을 신문으로 둘둘 말아가지고 시장으로 갔다. 시장에 물건을 팔려고 했지만 그의 입은 열리지 않았다. 물건을 신문으로 둘둘 말았으니 사람들은 그가 무슨 물건을 파는지 알 수 없었다. 입을 열어야 그 물건을 팔 수 있는데 그리고 그 물건을 사람들에게 보여줘야 팔 수 있는데 그에게는 두려움이 앞섰다. 입을 열어 물건을 사달라고 말을 할 용기가 없었다.

결국 시장의 다른 분들의 도움과 격려를 받아 물건을 팔 수 있었다고 한다. 그가 만약 두려움에 사로잡히지 않고 곧 바로 물건을 팔았다면 그리 어렵지 않게 그리고 짧은 시간 동안에 모두 팔 수 있었을 것이다. 하지만 그의 두려움이 그의 발목을 잡아 물건을 파는 데 하루라는 시간을 소비하게 되었다.

(사실 긍정적인 마인드보다 더 중요한 것은 바로 용기다. 두려움

을 극복하는 용기를 가지는 것이 긍정적인 마인드를 가지는 것보다 더 중요하다. 긍정적인 마인드보다 용기는 더 적극적인 개념이다. 긍정적인 마음만으로는 위험을 이겨낼 수 없다. 용기가 위험을 이겨내는 원동력이 될 수 있다. 그러므로 용기를 가져라. 자신이 할 수 있다는 용기부터 가져라. 세상이 가져다주는 위험, 그리고 그것으로부터 오는 두려움을 이겨내는 용기를 가져라.)

얼마 전 한권의 책이 사람들을 현혹시켰다. 자신이 이루고자 하는 꿈, 목표를 상상을 하고 그것이 자신에게 다가오고 이루어질 것이라는 긍정적인 생각을 꾸준히 한다면 우주 만물이 움직여 그 꿈을 이루어준다는 내용이다. 자신의 꿈을 가지고 그것이 이루어질 것이라는 긍정적인 마인드를 가지는 것만으로 우주 만물이 반응을 한다는 것이다. 얼마나 허황된 내용인가? 세상은 험난하고 호락호락하지 않은 법인데 말도 안 되는 글로 사람들을 현혹시키고 있었다. 만약 이 책을 믿고 쉽고 여유 있게 앞으로 나아가다가는 세상이 주는 위험의 벽에 부딪혀 좌절을 해버리고 말 것이다.

세상은 끊임없이 위험을 가져다준다. 작은 위험을 이기고 나면 더 큰 위험이 앞에 놓여진다. 때로는 처음부터 큰 위험이 앞에 놓이기도 한다. 중요한 것은 그 위험을 이겨내는 것이 성공을 위한 방법이라는 것이다. 자신 앞에 위험이 없고 평탄한 길만 있다면 그것 자체가 극복할 수 없는 몰락의 원인이 되어버린다.

로마는 주변의 위험을 극복하며 제국을 이루어 나갔다. 수많은 적들을 물리치고 자신의 힘을 길러나갔다. 하지만 어느 순간 평화가 찾아오고 안전함이라는 함정이 로마를 둘러쌌다. 로마는 그것으로 인해 도태되어 갔고 결국은 멸망의 길로 가게 된다. 위험이 없는 안전이 항상 자신에게 있다면 그리고 게으름과 나태함이라는 편안함이 자신에게 있다면 갑자기 찾아오는 위험 앞에 속절없이 무너지는 자신을 보게 될 것이다.

이처럼 화려하고 좋은 것 그리고 안전하고 편안한 것에는 자신을 해치는 독이 있고 파멸이 있다. 하지만 쓰고 험난한 여정은 자신에게 보물로 돌아오는 것이다. 긍정적인 마인드를 가지는 것도 중요하지만 목표를 쉽게 이루려고 해서는 안 된다. 그리고 세상과 우주만물이 자신에게 이롭게 움직여준다는 허황된 생각을 버려야 한다. 인생의 성공과 그리고 많은 의미들은 바로 위험을 극복하는 노력의 과정을 통해서 이루어진다는 것을 기억하자.

2장

위험의 네가지 종류에 대해

본 책에서는 위험을 네 가지 관점에서 바라보고 각 관점을 통해 위험을 다루고자 한다. 과정(목표를 이루어나가는 가운데), 경제, 경쟁자, 장애 이 네 가지로 위험을 다루었다. 각 관점에서 자신에게 해당하는 위험을 점검하고 그 위험을 바라보는 생각에 변화를 주자. 그리하여 자신에게 있는 위험으로부터 오는 두려움을 극복하자. 위험은 그것을 극복하여 강해지라는 세상이 당신에게 주는 선물로 생각하라.

1 인생의 과정에서 만나는 위험

■ 위험은 자신을 단련시킨다

사람들은 성공을 꿈꾼다. 자신의 인생이 성공하기를 바라고 자신이 진행하고 있는 다양한 목표가 성공적으로 이루어지기를 바란다. 그것은 공부가 될 수 있고 사업이 될 수 있으며 직장에서 맡은 프로젝트가 될 수 있다. 그리고 인생을 살아가는 데 있어 필요한 인성, 교양이 다른 사람보다 앞서서 훌륭한 사람으로 대접받고 싶어 한다.

그런데 자신이 이루고자 하는 그 모든 것들에는 과정이 필요하다. 어떤 과정을 거치느냐에 따라 자신이 원하던 성공을 거둘 수 있고 실패로 끝날 수 있다. 또한 과정에는 위험과 난관이 존재하는데 그 위험과 난관을 어떻게 조절하고 관리하느냐에 따라 성공과 실패의 갈림길에 들어서게 된다. 과정에서 만나는 위험에 대한 생각도 매우 중요하다. 강조하지만 과정에서 만나는 위험도 싫어하고 회피해서는 안 된다. 그 위험이 다가왔다면 위험에 맞서고 위험을 극복해 내야 한다.

성공을 위해 나아가는 과정에서 만나는 위험을 회피하지 말고 직접 맞서 극복해야 하는 이유 중 또 한 가지는 바로 그 위험이 자신을 단련시켜주기 때문이다. 과정에서 만나는 위험을 극복하다 보면 다른 위험을 극복해낼 수 있는 힘을 얻게 된다. 위험을 극복해내는 과정을 여러 번 거치게 되면 자신이 단련되고 또 단련되는 것을 느끼게 될 것이다. 점점 강해지며 결국에는 강철과 같은 단단함으로 큰 위험들을 깨어 부술 수 있는 힘을 가지게 된다.

그러나 위험을 회피하고 안전에 몸을 숨기다 보면 그 위험은 스스로 커지게 되며 다른 위험을 또 끌어와 그 정도가 배로 늘어난다. 결국에는 감당할 수 없는 위험이 되어 자신을 삼켜버리는 것을 경험하게 된다. 하지만 위험을 이겨내고 그것으로 자신을 단련시키고 발전시켜나가면 다음에 만나는 위험은 감당하기가 매우 쉬워진다. 그리고 위험을 극복하다 보면 성공에 다가서는 속도가 점점 빨라지는 것 또한 느끼게 된다. 이전의 위험을 극복하는 것으로 단련이 되어 다음에 만나는 위험을 쉽게 이겨나가기 때문이다.

위험은 또한 기초를 튼튼하게 한다. 인생에서 만나는 수많은 위험을 자신을 단련시키는 기회로 활용하면 성공의 든든한 반석이 되어준다. 성공하고 싶다면 위험 속에 들어가 자신을 단련시켜라. 위험 속에서 헤엄을 치면 그 위험이 자신의 피부를 단단하게 하여 칼날이 자신에게 휘둘러져도 베어지지 않게 될 것이다.

이처럼 위험을 극복하면 더 큰 위험에 대비한 예방주사를 맞는 것과 같다. 성공을 위해 과정을 겪다 보면 처음에는 작은 위험이 오지만 나중에는 점점 더 큰 위험을 맞이하게 된다. 그러니 처음부터 위험을 회피한다면 결국 나중에 오는 더 큰 위험을 견뎌낼 힘이 없는 것이다. 당장 자신의 앞에 있는 위험부터 극복해내라. 언제 그보다 더 큰 위험이 다가올지 모른다.

사자는 새끼를 절벽 아래로 떨어뜨린다. 사자의 강함은 안전함 속에서 나오지 않는다. 또한 부자를 예로 들어보자. 부자가 재산을 자식에게 물려주면 안전함 속에서 곱게 자라난 자식은 그 재산을 모두 잃어버린다. 하지만 부모로부터 혹독하게 배우고 강하게 자라난 자식은 그 재산을 오히려 불린다. 이처럼 위험으로 단련된 자는 성공에 다가서는 힘으로 무장할 수 있다.

또 한 가지 예를 들어보자. 세계는 한국을 주목하고 있다. 한국인의 민족성과 저력을 주목하고 있다. 한국의 가능성을 매우 높게 측정하고 있다. 또한 많은 미래 전문가들이 한국의 미래를 매우 밝게 보고 있다. 왜 이런 현상이 나타나는 것일까? 그것은 한국인이 오랜 역사 속에서 수많은 외세의 침략 속에 단련되었기 때문이다. 독일과 한국의 공통점은 전쟁 후 경제의 기적을 이루었다는 것이다.

하지만 실상을 들여다보면 매우 다르다는 것을 알게 된다. 독일은 2차 세계대전 전부터 기술이 발달된 국가였다. 아무리 전쟁에서 나라가 폐허가 되고 패전국이 되어 많은 배상금을 짊어지게 되었다고 해도 그들의 발전된 공업은 사라지지 않았다. 그들의 공업 기술은 전쟁 후 독일이 다시 일어서게 되는 바탕이 되어주었다. 그리고 미국의 큰 지원이 있었다.

하지만 한국은 그렇지 못했다. 한국은 공업이 전혀 발달되지 않은 전통적인 농업 국가였다. 자원이라고는 거의 없는 자원의 황무지라고도 할 수 있다. 그런데 지금의 경제 대국으로 성장하였다. 오랜 침략 역사 속에서 단련되어진 한국인들의 저력이라고 할 수 있겠다.

이처럼 위험으로 단련되고 단련된 자는 안전한 곳에 몸을 피한 자의 머리 위에 서게 된다. 처음에는 위험에 또 위험이 다가와 어려움을 겪고 있어 불쌍하고 안쓰러워 보이지만 어느새 강한 힘으로 많은 위험을 극복해내고 큰 성공을 이루는 것을 보게 된다.

사업을 하는 사람과 직장에서 안전하게 일을 하는 사람을 비교해 보자.(직장이라고 안전한 것은 아니지만) 직장은 안전해 보이고 좋아 보인다. 그리고 사업을 하는 사람들의 모습을 보면 매우 위태해 보인다. 사업을 하다가 쉽게 쓰러지는 것을 보며 직장인들은 자신들의 결정이 옳았다고 생각한다. 하지만 사업을 하던 사람이 실패와 실패로부터 배운 교훈을 발판삼아 성공적인 사업을 이루게 되는 순간 그 위치가 바뀌게 된다.

■ 위험을 극복하려는 사람은 실패를 두려워하지 않는다

위험을 극복할 줄 아는 사람은 실패를 두려워하지 않는다. 실패 역시 위험이다. 위험을 극복하는 사람은 실패라는 위험도 극복해낸다. 성공을 이루어나가는 과정에서 겪는 실패는 매우 큰 교훈을 가져다주어 도전자를 단련시켜 주고 발전시켜 나간다. 실패를 많이 하면 할수록 그만큼 얻어지는 것도 많다. 그만큼 단단해진다. 실패를 많이 할수록 실패를 하지 않는 방법을 쌓아갈 수 있기 때문이다.

하지만 실패 없이 또는 별다른 어려움 없이 쉽게 얻어지는 성공은 쉽게 꺼져버리는 촛불과 같다. 쉽게 얻는 성공을 기뻐하지 말고 어렵게 얻는 성공을 기뻐하라. 에디슨은 전등을 발명할 때 천 번의 실패를 거듭하자 주위 사람들이 그를 조롱했다. 그러자 에디슨은 말하였다. '한 번의 성공을 위해 천 개의 교훈을 얻었다.' 그가 만든 전등은 세계가 발명한 발명품 중 아주 위대한 것으로 기록되었다.

하지만 일을 진행하는 과정에서 실패를 두려워하여 시도조차 못하는 사람들이 많다. 자신이 하면 실수를 할까봐 또는 실패를 할까봐 걱정을 하여 해야 할 일에 손을 못 대는 사람들이 있다. 할 수 있는 일이지만 자신감 부족, 실패에 대한 두려움이 앞서 시작을 못한다. 이들은 두려움이 계속되는 한 결코 성공할 수 없다.

실패에 대해 격려를 할 때 자주 사용하는 예가 있다. 바로 이제 막 걸음을 시도하는 아기의 모습이다. 아기는 한 걸음 떼다가 넘어져도 그리고 반복해서 실패를 해도 좌절하지 않는다. 그리고 그것에 두려움을 느끼지 않는다. 만약 아기가 걸음을 시도하다가 실패를 거듭하여 두려움에 사로잡힌다면, 아기는 절대 걸음을 걷게 되지 못할 것이다.

사람은 태어난 후 대부분 걷게 된다. 두려움 없이 시도하고 또 시도하였기 때문이다. 이처럼 실패는 단지 성공으로 나아가는 과정 속에서 만나는 한 부분에 불과하다. 그러므로 실패를 두려워하지 마라. 그것을 딛고 또 시도하고 또 시도하라.

실패를 딛고 성공을 위해 꾸준히 시도하고 변화를 꾀하다 보면 자신이 진정으로 원했던 것을 만나게 된다. 실패를 통해 자신의 꿈을 찾게 된다. 한 아이가 음악에 빠져 아름다운 음악을 연주하고 싶어 했다. 그러자 아버지가 아이에게 첫 번째로 피아노를 배우게 했다. 하지만 아이는 선생으로부터 피아노에 소질이 없다는 소리를 들었다. 아버지는 이번에는 기타를 배우게 하였다. 하지만 역시 기타에서도 진전을 보이지 못했다.

아버지는 포기하지 않고 아이에게 입으로 부는 플롯을 배우게 했다. 그러자 아이는 누구보다도 훌륭하게 플롯을 배웠다. 앞의 시도와 도전이 실패로 끝났지만 그것이 오히려 아이에게 맞는 악기를 찾게 해준 것이다. 실패라는 위험은 결코 나쁜 것이 아니다. 중요한 것은 실패를 겪고 나서 그 실패로부터 성공을 향한 교훈을 얻는 것과 자신에게 맞는 길을 찾아내는 것이다.

또 한 가지 성공을 위해 나아가는 과정에 슬럼프라는 위험도 있다. 슬럼프가 심하면 도중에 포기하고 좌절하는 사람들이 있다. 그리고 슬럼프에 과민하게 반응하여 오랫동안 빠져나오지 못하는 사람도 있다. 슬럼프는 누구에게나 올 수 있는 것이다. 한 분야의 정상에 서서 호령하던 사람도 슬럼프는 어김없이 찾아온다.

하지만 슬럼프를 걱정할 필요가 없다. 슬럼프를 극복하면 그 전보다 더욱 강한 힘과 실력으로 자신이 단련된 것을 느낄 수 있다. 보통 한 분야에서 정상에 오르게 된 프로라고 하더라도 한 가지 이상의 부족함은 있기 마련이다. 그 틈이 벌어지면서 슬럼프는 찾아오게 된다. 그런데 그 슬럼프를 극복하는 과정을 거치면 그 틈이 메워지면서 전보다 더 강한 힘과 실력을 가지게 되는 것이다.

지금까지 설명한 것처럼 과정에서 겪는 위험은 자신을 단련시켜 더욱 강하게 만드는 좋은 장점이 있다. 그러므로 위험을 피하지 말고 그 위험에 직면하여 극복해내야 한다. 그래야 위험이 자신을 단련시키는 좋은 기회로 변화된다. 젊어서 고생은 사서 한다는 말이 있다. 일찍부터 많은 경험을 한다면, 세상의 많은 위험을 먼저 겪는다면 그것이 자신에게 좋은 토대가 되어주기 때문이다.

이렇게 위험을 극복하는 과정에서는 겸손해지는 것 또한 중요하다. 겸손해야 자신에게 닥쳐온 위험을 받아들이고 그것을 극복할 수 있다. 교만하고 거만한 자는 자신에게 닥쳐온 위험을 받아들이지 못한다. 위험이 자신에게 있다는 것을 받아들이지 못한다. 자신은 항상 안전이라는 테두리에 있는 줄 알게 된다.

그러므로 항상 겸손하고 또 겸손하자. 그리하여 위험을 받아들여 자신의 기회로 삼는 넓은 시야와 개방성을 가지자. 자신의 위

치가 높아지면 높아질수록 겸손해야 하는 이유는 위험이 밀려왔
을 때 그것을 빨리 받아들이고 극복해내기 위해서다. 자신의 위
치가 높아졌다고 거만해지면 위험을 받아들이지 못하고 추락하게
된다.

2 경제활동에서 만나는 위험

■ 부자와 일반 사람의 위험을 바라보는 차이

우리의 인생 중 경제 활동은 매우 중요한 부분이다. 당장 먹고 사는 부분부터 경제와 관련되어 있다. 자신의 꿈을 이루기 위해서 그리고 풍족한 삶을 살기 위해서 경제는 매우 중요하다. 자신이 예술을 하는 사람이든 운동을 하는 사람이든 경제활동이 뒷받침되어야만 목표를 향해 나아갈 수 있다.

이런 경제의 중심은 돈이다. 돈을 벌어야 가족을 책임질 수 있고 돈을 벌어야 자신의 꿈을 이루어 나갈 수 있다. 돈을 버는 것은 현대인들에게는 매우 중요하다. 때로는 돈이 사람들에게 전부가 되기도 한다. 하지만 돈을 버는 것은 매우 어렵다. 돈을 많이 벌어 부를 축적하는 것은 더더욱 어렵다.

돈은 그 자체로 부와 연결된다. 대부분의 사람들은 자신이 부자가 되기를 원한다. 하지만 모든 사람이 부자가 되지는 못한다. 부를 원하지 않고 기본적인 생활만을 원하는 사람도 있다고 하지만 그런 생각을 갖고 있어도 자신이 원하는 작은 것조차 세상은 쉽게 갖지 못하게 한다. 부를 늘려주는 대표적인 방법 즉 돈이 돈을 불러오는 각종 투자는 많은 위험이 도사리고 있으며 노동을 통해 돈을 벌 수 있는 직장에서조차 봉급을 떼일 위험과 쫓겨날 위험이 있다. 부를 얻는 것에는 이렇게 위험 가운데 있다.

부자와 가난한 사람의 차이는 바로 이 위험을 다루는 것에서 차이가 난다. 대부분의 사람들은 위험을 회피하려 든다. 보다 더 안전한 직장을 찾고 보다 더 안전한 투자처를 찾는다. 하지만 이들은 안전한 곳은 없다는 것과 안전한 곳이라 생각되는 곳에서는 부의 정답이 없다는 것을 알지 못한다. 안전한 직장보다는 불안하고 위험한 직장이 더 부와 연결될 수 있으며 안전한 것에 투자하는 것보다 위험한 것에 투자하는 것이 더 큰 부를 가져다준다.

■ 투자의 위험

부자들은 가난한 사람보다 더 위험에 익숙하고 위험을 다루는 데 능숙하다. 부자는 위험 속에서 헤엄을 치지만 가난한 사람은 위험을 회피하여 안전한 곳에 몸을 숨긴다. 왜 부자들은 안전을 추구하지 않고 위험 속에 있는 것인가? 바로 위험 속에 기회가 있기 때문이다.

부자들은 위험 속에 뛰어들어 기회를 찾는다. 위험 속의 기회를 활용해 부를 불린다. 위험 속에 기회가 있다는 것은 가난한 사람들도 알고 있는 것이다. 하지만 위험이 두려워 위험 속에 뛰어들지 못한다.

많은 사람들이 주식에 투자를 하기에 위험을 이용하여 투자하는 것은 이미 일반화되었다고 반론이 있을지 모르겠다. 하지만 주식이 위험이라는 것은 주식 자체의 특성을 말하는 것일 뿐 주식을 구입했다고 해서 위험을 활용했다고 보기는 어렵다. 대부분의 사람들이 주식 시장이 '활황이다', '어떤 종목이 좋은 소재가 있어 상승 중이다'라는 말을 듣고 주식을 구입한다. 하지만 반대로 부자들은 주식 시장이 '불황이다', '주식 시장이 폭락하고 있다'라는 말을 듣고 주식을 구입한다.

부자는 이처럼 투자의 포지션을 위험에 둔다. 위험을 활용한 예를 더 깊이 들어가 보자. 쇠고기가 수입되자 소 값이 폭락했던 적이 있었다. 그때 대부분의 사람들은 소를 시장에 던지다시피 헐값에 팔았다. 하지만 그것을 기회로 본 사람들은 헐값에 팔리는 소를 사들였다. 곧 소 값은 다시 오르기 시작했고 소를 헐값에 사들인 사람은 몇 배의 이익을 벌어들였다.

위험(위기)이 닥치자 대부분의 사람들은 위험이 두려워 그것을 회피하려 소를 헐값에 팔았지만 그것을 기회로 보고 헐값에 사들인 사람이 있는 것이다.

다른 예로 IMF의 어려운 경제 상황에서 주식이 폭락했을 때 헐값이 되어버린 주식을 사들인 사람들은 적개는 수십 배에서 많게는 수백 배의 이익을 벌어들였다.

경제는 불황과 활황을 반복하는데 부자들은 경제가 불황일 때 값이 싼 투자 상품들을 사들여 경제가 활황이 되었을 때 그 열매를 따먹는다. 하지만 대부분의 사람들은 경제가 활황이거나 투자 상품의 가격이 올라가고 있을 때 사들여 투자 상품이 폭락할 때 어쩔 수 없이 손실 처리를 해버린다.

이처럼 투자에서 위험에 대한 생각을 바꿔라. 투자에서 안전에 대한 생각을 버려라. 투자 시점에서 투자 상품의 가격이 떨어질 때마다 자신에게 이익이 되어줄 것을 생각하고 투자 상품의 가격이 올라갈 때마다 자신에게 돌아올 이익이 줄어드는 것을 보라.

모든 거래에서 이익을 내려면 싸게 사서 비싸게 파는 것이다. 즉 투자 상품의 가격이 떨어지면 떨어질수록 싸게 살 수 있는 기회가 있는 것이고 투자 상품의 가격이 올라가면 올라갈수록 상품의 가격이 비싸게 되므로 기회를 잃게 되는 것이다.

역설적으로 불황으로 인해 투자 상품의 가격이 떨어지게 되면 그 투자 상품의 가격에 대한 안전성은 오히려 높아지게 되고 활황으로 인해 투자 상품의 가격이 올라가면 올라갈수록 그 가격에 대한 위험성은 높아지게 된다.

또한 투자는 위험을 이용한 게임이다. 위험이 높은 투자 상품일수록 상대적으로 수익률과 손해의 격차가 안전한 상품보다는 크다. 그래서 일부 사람들은 많은 수익을 위해서 위험이 높은 투자 상품에 투자를 하게 된다. 하지만 높은 수익을 위해서 위험이 높은 투자 상품을 찾는 행위는 옳다고 볼 수 없다. 위험을 활용하는 방식이 잘못된 것이다.

투자 상품 자체의 위험성을 따지는 건 위험을 활용하는 것으로서의 의미가 없다. 앞서 말했듯이 주식 자체의 위험성을 따지는 것 역시 의미가 없다. 투자를 할 때 위험을 활용하라는 것은 투자 상품 자체의 위험성을 보라는 의미가 아니었다. 해당 투자 상품에 영향을 미치는 위험한 환경으로 인해 가격이 폭락했을 때 그 위험을 활용하라는 것이다. 쇠고기를 예로 들면 쇠고기 가격에 영향을 미치는 '수입 재개' , '광우병'이 활용할 수 있는 위험요소가 되겠다.

그러므로 돈을 굴리는 투자를 통해 부를 늘리고 싶다면 위험 속에서 헤엄을 쳐라. 위험을 극복하는 투자를 해라. 위험을 활용하여 부를 늘려라. 하나의 투자 상품을 봤을 때 위험이 주는 기회는 자주 오지 않는다. 아주 가끔 위험한 환경이 발생하여 그 상품의 가격이 하락하게 되는데 그 기회를 놓치지 말고 잡아야 한다. 그러므로 두려움을 극복하고 위험이 주는 기회를 활용하고자 하는 용기 있는 자만이 부를 축적할 수 있을 것이다.

세계적인 불황은 그 불황의 기간이 매우 짧았고 횟수 또한 많지 않았다. 하지만 그 불황은 어김없이 큰 기회를 주었고 그 기회를 잡은 용기 있는 자들은 부자의 반열로 올라서게 되었다.

현재 세계 경제는 불황으로 공포에 질려 있다. 각종 금융 상품들의 가격이 폭락하고 부동산 역시 폭락하고 있다. 지금이 바로 그 기회인 것이다. 평소에는 빚을 내서 투자하는 사람이 있다면 말리겠지만 지금의 불황의 시기에 각종 투자 상품의 가격이 폭락한 상황에서 빚을 내어 투자하겠다고 하는 사람이 있다면 적극 응원을 해주고 싶은 심정이다. 투자 상품의 가격이 폭락하여 대 바겐세일이 진행 중인데 지금 구입하지 않겠다면 언제 구입하겠다는 것인가?

또 한 가지 투자에서 생각해야 할 것은 불황으로 인해 위험이 가득한 환경은 변화의 시기라는 것이다. 변화가 일어나는 시기다. 경제의 질서가 바뀌는 시기이며 새로운 부자와 새로운 기업들이 탄생되는 시기다. 기존의 기업들 중 부실한 기업들이 정리되는 시기이며 기회가 가득하여 그 기회를 잡은 자들이 덩치를 키우는 시기다.

한 나라의 불황이든 전 세계의 불황이든 그 위험이 가득한 시기는 단지 그 나라와 세계를 발전시키는 성장통일 뿐이다. 불황의 시기는 오류를 제거하여 더욱 튼튼한 경제가 이루어지는 시점이다. 불황이라는 위험은 자본주의를 단련시켜준다. 자본주의는 그렇게 성장해왔다.

불황의 시기에 어떤 포지션을 취해야 하는지 이제 감이 잡힐 것이다. 기업으로 본다면 불황의 시기에 긴축정책을 하는 어리석은 짓을 하지 마라. 오히려 좋은 인재를 영입하고 좋은 기업을 값싸게 사들이며 안으로는 비용을 절감할 수 있는 여러 가지 시스템을 개발하라. 그리고 경제가 활황일 때 그 열매를 따먹어라. 활황일 때 불황에 대비한 여러 대책을 세워둬라. 이것이 위험을 이기고 극복하여 오히려 기회로 활용할 수 있는 경영 비법이다.

개인으로 본다면 불황의 시기에 투자를 늘려야 한다. 값이 폭락한 투자 상품들을 사들여야 한다. 불황의 시기에는 허리띠를 졸라

매고, 소비를 줄이고 투자에 집중하라. 그런 후 경제가 활황이 되었을 때 그 열매를 따먹어라.

필자는 위험의 시기에 투자를 늘리는 것을 위험을 구입한다고 표현한다. 위험을 활용하여 투자를 하는 것은 위험 자체에 투자한다고 봐도 무방하기 때문이다. 위험을 구입하는 방법에 대해 적어봤다.

첫째, 위험은 나누어서 구입하라. 가느다란 줄 위에서 묘기를 부리는 광대가 훌륭한 광대가 되기 위해서는 수많은 연습을 해야 한다. 광대는 연습과정에서 자신을 위험 속에 내놓고 연습을 해야 어떤 상황에서도 흔들리지 않고 묘기를 완성할 수 있다.

하지만 광대가 처음부터 높다란 줄 위에서 안전망 없이 연습을 하면 어떻게 될까? 한 번 실수하여 크게 다치게 되면 광대는 다시는 묘기를 부릴 수 없게 된다. 그러므로 광대는 위험을 조금씩 구입하여 연습해야 할 것이다.

즉 투자 관점에서 바라본다면 투자를 시작하려고 했을 때 해당 상품을 나누어서 구입해야 한다. 무릎에서 사서 어깨에서 팔라는 말이 있다. 그것은 나누어서 구입을 해야만 가능한 말이다. 자신이 가지고 있는 돈을 한 번에 투입해서는 안 된다. 적절한 시점에서 시작을 하여 시간과 상황별로 나누어서 구입해야 한다. 자신이 구입한 상품의 평균 가격이 무릎 부분에 이르렀고 그 상품의 가격이 무릎 위로 올라갔다면 언제든지 그 열매를 취할 준비를 하고 있으면 된다.

둘째, 인내심을 가지고 구입하라. 위험은 섣불리 구입해선 안 되며 구입하더라고 인내하며 기다려야 한다. 위험은 얼마나 깊은지 알 수 없다. 그리고 그 위험이 자신에게 이익이 되기까지 시간이 얼마나 걸리는지 알 수 없다. 위험 속에서 기회를 찾는 것도 인내가 필요하고, 위험을 구입한 후 그 위험을 벗어나 이익을 얻기까지도 인내가 필요한 것이다. 당장 급해도 위험은 인내하면서 바라보라.

그러나 투자 자체를 두려워하는 사람들이 있다. 투자 자체에서 오는 위험을 먼저 생각하고 그것이 두려워 아예 시도조차 못하는 것이다. 그들은 그날 번 돈을 그날 소비하는 사람들이다. 건물과 땅 등 부동산을 아예 매입하지 않고 빌려 쓰며 주식과 같은 금융 상품은 먼 나라 이야기다. 때로는 과감한 투자를 하는 사람들을 비난한다. 이들은 절대 부자가 될 수 없고 평생 동안 작은 돈에서조차 세금을 떼이고 남에게 월세를 갖다 바치며 할부금의 각종 수수료를 물어내는 즉 열심히 손해 보는 사람들이다.

이들처럼 어리석은 자가 되지 않기 위해서는 투자를 두려워해서는 절대 안 된다. 투자를 두려워한다면 절대 부자가 될 수 없다. 두려움을 극복하고 당장 투자에 뛰어들어라. 다시 한 번 말하지만 두려움을 극복한 시도와 시작이 매우 중요하다. 누구든지 행동에 옮기면 결국 투자에 성공한 사람들처럼 될 수 있는데 바로 그 첫 행동이 시작되지 않아 주저앉는 것을 보면 매우 안타깝다.

세계적인 투자의 대가들도 실패를 하면서 투자를 한다. 항상 투자에 성공하지는 않는다. 다른 일의 과정처럼 투자의 길도 들어서게 되면 분명 시행착오를 겪게 된다. 하지만 그 시행착오가 자신의 투자의 성공 길을 알려준다는 것을 알아야 한다. 두려움을 극복하고, 실패를 자신을 단련시키고 교훈을 주는 동반자로서 생각하게 되는 순간 이미 당신은 부자가 되는 길을 가고 있는 것이다.

부자가 되고 싶다면 또 한 가지 생각해야 할 것은 투자에 앞서 자신을 위험 속에 단련시킬 필요가 있다. 그것은 바로 돈을 많이 쓰는 과소비라는 즐거움과 편안함을 버리는 것이다. 자신을 절약과 투자라는 불편함과 위험 속에 내몰아야 한다. 돈을 버는 것은 일정한데 누릴 것은 다 누리는 편안한 삶은 절대 부자의 길로 들어서지 못한다. 더 빨리 그리고 더 큰 부자가 되고 싶거든 최대한 편안함에서 벗어나라.

많은 사람들이 자신을 과시하기 위해 과소비하는 것을 본다. 자신이 남들보다 뒤떨어져 보이는 것이 싫기 때문이다. 그 자기 만족감이 사람들의 발목을 잡는다. 차라리 솔직해지고 겸손해져라. 자신을 불편한 삶으로 단련시켜라. 과소비로 인한 자기만족이 오히려 자신을 괴롭히는 위험이라는 것과 절약과 검소함으로 인한 불편 가득한 삶이 오히려 자신의 가치를 높여주는 안전한 길이라는 것을 깨달아야 한다. 과정은 쓰지만 그 열매는 매우 달 것이다.

■ 직장에서의 위험

직장에서 성공하고 직장을 통해 부와 목표를 이루는 것 역시 안전한 직장에서 벗어나 위험 속에 몸을 던져야 한다. 요즘 취업에 대비하는 젊은 사람들을 보면 안전한 직장 그리고 직장에서의 편안함을 찾는 경향이 강하다. 그래서 공무원, 대기업과 같이 보수와 근로 환경이 우수하고 쫓겨날 염려가 적은 곳에서 일을 하고 싶어 한다.

하지만 안전하고 편안한 직장이든 일이 많고 쫓겨날 위험이 많은 직장이든 안전하고 편안한 일을 하면 그만큼의 보상만을 받게 된다. 안전하고 편안한 일을 하면서 높은 지위와 큰 보상을 원하는 것은 공짜를 바라는 잘못된 생각이다.

어떤 곳이든 직장에서 일을 하면서 성과를 내고 그리고 그로 인해 성공하려면 위험하고 험난한 과정에 몸을 던지며 피나는 노력을 함께해야 가능하다. 결국 남들보다 더 성공하기 위해서는 남들이 하지 않는, 남들이 피하는 바로 그 위험 속에 몸을 던져 좋은 성과를 내야만 한다.

자신이 어떤 직장에서 일을 하든지 안전함과 편안함을 버리고 위험 속에서 도전하라. 그 위험을 극복하여 성과를 내라. 그럼으로써 자신의 가치를 올리고 동시에 회사도 커지는 것을 경험하라. 위험을 감내하며 그것을 극복하고 성과를 내는 직원이 많을수록 그 회사는 더 빠르게 성장하게 될 것이다.

대표적인 사무직과 영업직 직원을 예로 들어보자. 사무직은 회사 내부의 테두리 안에서 별다른 고충 없이 편안하게 시키는 일만 처리하면 된다. 하지만 영업직은 발로 뛰어다니면서 자신 스스로 열심히 노력하여 성과를 내야만 한다. 영업을 하면서 겪는 수많은 고충을 자신이 감내해야만 한다.

그렇다면 사무직과 영업직 둘 중 누가 더 회사에서 필요하고 도움이 되는 존재일까? 사무직은 회사가 어려울 때 가장 빠르게 감축 대상으로 삼는다. 안전하고 편안해 보이는 그 일이 오히려 자신의 발목을 잡아버리는 일이 되어버린다.

진급이 높아져도 마찬가지다. 가만히 책상에 앉아 서류를 처리하는 임원과(물론 그런 임원은 별로 없지만) 발로 뛰며 다른 회사와의 거래를 성사시키고 새로운 사업을 힘 있게 추진하는 임원 중 누가 회사에서 더 가치가 있는가?

직장에서 성공을 하려거든 위험을 감내하는 책임 있는 일을 맡아라. 편안하고 안전한 곳에 몸을 숨기지 말고 다른 사람들이 피하는 그 위험에 자신 있게 도전하여 그 위험을 극복하여 성과를 내라. 어렵고 위험한 일에 책임감을 가지고 그 위험을 감내하고 극복하는 직원은 안전함과 편안함 속에 몸을 숨기는 직원의 머리 위에 서게 될 것이다.

직원이 일을 하다가 실패를 했다고 해서 바로 쫓아내는 직장은 없다. 오히려 실패가 많다고 해도 성공과 성과를 한 번이라도 가져다주는 직원이 대접을 받는다. 회사 입장에서도 직원의 실패를 인정하고 감내하는 분위기가 필요하다. 그래야 직원이 도전하고 목표를 향해 나아갈 수 있고 결국은 성공을 찾아낼 수 있는 회사가 될 수 있다. 즉 회사와 직원이 함께 힘을 합쳐 위험 속에서 헤엄을 쳐야 성공할 수 있는 것이다.

여담을 하나 하자면 사장의 눈에 자주 띄는 직원의 승급이 빠를까? 아니면 사장의 눈에 띄지 않는 직원의 승급이 빠를까? 정답은 사장의 눈에 자주 띄는 직원이다. 사장의 눈을 피하고 사장과 마주치는 것조차 싫어한다면 과연 사장이 자신을 얼마나 알아줄까?

사장의 눈 그리고 사장과 마주치는 것을 두려워하지 말고 오히려 사장의 눈에 띄도록 노력해라. 사장에게 아첨하라는 것이 아니다. 사장과 마주치기조차 싫어하는 사람은 일하는 습관에 안전함과 편안함을 추구하는 습관이 배어 있다. 하지만 도전하고 적극적인 사람은 사장에게 자신을 당당하게 드러낼 것이다. 작은 것에서부터 큰 것까지 그리고 하나부터 열까지 이 두 부류에는 그만큼 차이가 있는 것이다.

■ 사업에서의 위험

자신이 직접 사업을 하는 사람이라면 또는 자신이 한 기업을 움직이는 사장이라면 어떻게 기업을 경영해야 하는가? 역시 위험에 정답이 있다. 위험 가운데 기업을 이끌어야 한다.

첫째로 실패라는 위험을 두려워해서는 안 된다. 기업가에게는 실패를 두려워하지 않는 마음가짐이 가장 중요하다. 앞서 말했듯이 직원의 실패를 인정해주는 경영을 해야 하며 자신 스스로가 추진하는 사업에 있어서도 실패를 두려워해서는 안 된다.

잘나가는 기업을 보면 추진하는 사업마다 성공하는 것처럼 보이지만 그것은 추진하거나 계획한 열 개 중 한두 개가 성공으로 결실을 맺은 것이라 볼 수 있다. 그리고 성공한 기업가들을 보면 항상 몇 번의 실패를 거쳐 지금에 이르렀다는 것을 볼 수 있다.

잘나가던 기업이 부도가 났는데 그것에 굴하지 않고 다시 일어서 이전보다 더 큰 기업을 이루어 낸 기업가도 있었다. 그들에게 이전의 실패는 지금의 성공을 위한 과정에 불과했다. 기업가(사업가)라면 실패를 했다고 좌절하지 말고 실패 속에서 헤엄을 치는 재주를 부려라.

둘째로 남들이 다 하거나 다른 사람이 이미 성공의 예를 보여준 안전해 보이는 사업에는 성공의 길이 부족하다는 것을 알아야 한다. 모두들 레드오션과 블루오션이라는 말을 알고 있을 것이다. 레드오션은 경쟁이 심한 시장이고 블루오션은 경쟁이 없는 시장을 말한다. 그 중 블루오션은 현대사회에 새롭고도 강력한 경제 이념을 제시한 것으로 평가되는 것이다. '경쟁자가 없는 시장을 새로

개척하는 것' 그래서 막대한 이익을 창출하는 것이다. 정말 사업의 성공을 위해 필수적인 것이다.

하지만 이 블루오션 자체가 위험 속에 뛰어들어 그 위험을 극복해내야 하는 경제 이념이라는 것을 알아야 한다. 이미 검증된 사업이 많이 있는 레드오션에 뛰어들지 않고 경쟁자가 없는 즉 아무도 하지 않은 무엇인가를 시도한다는 것은 그 자체로 도전이고 실패의 위험을 감내하는 것이며 많은 시행착오를 극복해내며 완성해가는 그야말로 위험 속에서 헤엄을 치는 것이다.

그 과정은 매우 힘들고 어렵지만 블루오션을 개척하는 데 성공한 사람은 매우 큰 성공을 거두는 것을 보게 된다. 이미 검증된 레드오션에서의 성공은 한계가 있으며 다른 사람의 것을 뺏고 나눠먹는 것이다. 하지만 블루오션은 한계가 없으며 새로운 가능성을 여는 것이다. 그것은 위험을 극복해내겠다는 의지의 차이가 만들 것이다.

셋째로 위험을 떠안는 사업을 추진해야 한다. 필자는 이것을 '뱀처럼 삼켜라'라고 표현한다. 기업을 예로 들면 M&A가 되겠다. 일반 사업가도 마찬가지다. 현재 상황에 만족하지 말고 다른 사업체를 삼켜야 한다. 다른 사업체를 자신의 것으로 인수할 때 빚이라는 위험도 감당할 줄 알아야 한다.

때로는 부실한 사업체를 헐값에 인수할 수도 있는데 그 사업체의 부실을 자신이 감당하는 것도 필요하다. 또한 자신보다 덩치가 큰 사업체를 과감하게 삼켜낼 줄 알아야 한다. 바로 이것이 뱀처럼 삼키는 것이다. 뱀은 자신보다 큰 먹이를 삼킨다. 그리고 그것을 서서히 소화시킨다. 기업을 예로 들면 해외 지사가 본사를 삼켜내는 경우도 있다. 이처럼 위험을 감내하는 확장은 보다 더 빠르게 자신의 사업체를 성장시켜줄 것이다.

정리하자면 경제에서의 위험은 그 위험을 활용하고 구입하는 사람이 부자가 될 수 있다. 투자에서든 직장과 사업에서든 그리고 기업을 이끄는 CEO가 되었든 모든 것은 위험 속에 뛰어들고 그 위험을 극복하는 데 초점을 두어야 한다. 그래야 그 위험이 자신의 모든 가치를 높여주고 성공을 가져다주는 보물로 변화될 것이다.

3 장애에서 발생하는 위험

사람들에게는 누구나 육체적인 장애 또는 콤플렉스를 가지고 있다. 장애와 콤플렉스 즉 다른 사람보다 부족해 보이고 상대적으로 박탈감을 느끼게 하는 것들이 개인마다 한 개 이상 가지고 있다. 그것은 개인에게는 인생을 살아가는 데 있어서 위험이 될 수 있다. 상대적으로 다른 위험보다 크게 다가오는 위험이기도 하다. 세상을 살아가는 데 있어 불공평하게 느껴지는 이 위험은 과연 어떻게 봐야만 하는 것인가?

◼ 직접적 장애의 위험

먼저 육체적인 장애와 정신적인 장애로부터 오는 위험을 생각해 보자. 자신에게 다리가 없는 사람도 있고 눈이 보이지 않는 사람도 있으며 귀가 들리지 않는 사람도 있다. 심지어 전신마비에 걸린 사람도 있다.

이들은 보통 사람들과는 다른 상대적으로 불리하고 불공평한 상태에 놓여 있다. 이들에게는 세상을 살아가는 데 있어 이 장애가 큰 위험이 된다. 왜 이들에게는 이런 위험이 놓여 있는 것인가? 왜 이들에게는 이런 불공평한 부분이 있는가?

그 장애라는 위험은 극복하라고 있는 것이다. 너무 쉽고 간단하게 말하는 것 같은가? 장애라는 위험은 그 장애를 갖고 있지 않은 사람들을 부끄럽게 할 수 있는 또는 그 장애를 극복함으로써 큰 의미를 줄 수 있는 자신에게 있는 장점이라고 생각하라. 그 위험에 대한 생각을 바꿔라. 정신이 멀쩡하고 육체가 멀쩡해도 거지처럼 살고 인생이 바닥을 기는 사람들이 얼마나 많은가? 당신에게 주어진 그 장애는 그 장애를 극복하고 인생의 성공을 이룸으로써 정신과 육체는 멀쩡하지만 어리석은 인생을 사는 사람들을 부끄럽게 하라고 있는 것이다. 그리고 그것은 자신에게 있어서는 안 되는 불필요한 것이 아니다.

다시 한 번 강조하지만 극복하라고 있는 것이다. 그것을 극복하여 보통 사람보다 더 큰 의미를 가지라는 것이다. 그 장애라는 위험을 극복하지 못하고 현실에 안주하는 사람은 그 위험에 삼켜지는 사람이며 그 위험을 극복하고 성공을 쟁취하는 사람은 그 위험을 삼켜버리는 사람이다. 당신이 그 위험을 극복하는 순간 그 위험은 더 이상 당신에게 위험이 아니다. 혁명을 일으켜라. 자기 자신이 가지고 있는 장애에 대하여 혁명을 일으켜라. 할 수 없을 것이라고 말하던 사람들을 부끄럽게 할 혁명은 당신이 이루어야 할 의무다.

필자는 스티븐 호킹 박사를 예로 들고자 한다. 그는 전신이 움직이지 못하는 루게릭병에 걸렸다. 하지만 그는 보통 사람들이 발견하지 못한 우주의 이론을 발견한 대단한 과학자다. 물론 그가 그 병에 걸리기 전 공부를 많이 했다고는 하지만 그의 병은 보통 장애보다 훨씬 심각한 것이었다. 그러나 그는 그것에 굴하지 않고 연구에 연구를 거듭하여 대 발견을 하였다. 그는 말도 제대로 하지 못한다. 하지만 지금 그는 많은 사람들을 가르치고 있다. 그는 위대한 도전자와 위대한 과학자라는 두 가지 의미를 동시에 가지게 되었다.

다시 한 번 강조하지만 자신에게 있는 장애에 대한 생각을 바꿔라. 당장 그것을 극복해낼 결심을 하라. 그것으로 장애가 없는 사람보다 더 큰 의미를 챙겨라. 자신의 장애를 극복하고 보통 사람들을 부끄럽게 할 만큼 성공을 이룬다면 자신에게 엄청난 내적 보상이 밀려들어오는 것을 느끼게 될 것이다.

■ 간접적 장애의 위험

장애 다음으로 콤플렉스로부터 오는 위험을 생각해 보자. 콤플렉스는 누구나 가지고 있는 것이다. 콤플렉스가 없는 사람이 과연 있을까? 누구나 한두 개 이상 가지고 있는 것이 콤플렉스다.

완벽해 보이는 스타도 콤플렉스는 가지고 있다. 다른 사람보다 못생겼다는 콤플렉스 그리고 키가 작다는 콤플렉스, 특정 부위가 남들보다 유별나서 가지게 되는 콤플렉스 그리고 성격적인 콤플렉스 등 그 종류도 매우 다양하다.

이런 콤플렉스와 관련된 위험은 여러 가지가 있다. 우울증, 실수, 자괴감 등이다. 이런 위험은 외부로부터 오는 위험이 아니라 자기 자신 안으로부터 밀려나오는 위험이다. 자기 자신의 마음이 그 위험을 불러오는 것이기 때문이다.

사실 콤플렉스로부터 오는 위험은 무시해도 되는 것이 많다. 콤플렉스가 자신의 인생의 성공에 방해가 되는 경우가 많지 않기 때문이다. 자신 스스로 그것을 부풀리고 확대하여 크게 느껴지는 위험이 대다수다. 하지만 그것이 직접적으로 영향을 미치는 정도라면 분명 생각해봐야 할 문제다.

가령 축구 선수를 꿈꿀 때 남들보다 작은 다리와 키는 매우 큰 콤플렉스이며 경기력에도 영향을 미치는 요소다. 이런 경우 어떻게 위험을 바라봐야 하는 것인가? 정답은 의외로 간단하다. 선택과 집중으로 그 위험을 극복해야 한다. 그 콤플렉스가 자신의 축구 스타일의 방향을 지어줄 수 있는 기회로 삼아야 한다. 세계적인 축구 스타 중에서도 키가 작은 사람들은 얼마든지 있다. 그들은 키가 큰 사람보다 단거리에서 더 빠르고 날렵하게 움직였고 공중 볼을 다루는 대신 기술력으로 승부를 했다.

콤플렉스로부터 오는 위험은 자신의 장점을 활용하는 선택과 집중으로 극복해 나가야 한다. 한 분야에서도 각자의 성공의 길은 다른 법이다. 반드시 모두 같은 방법으로 성공하는 것은 아니다. 콤플렉스에 굴복하지 말고 자신만의 장점, 자신만의 방법으로 성공을 거둬라. 절대로 그 위험에 굴복해 자신을 비관할 필요가 없다. 당신에게는 자신의 부족함을 생각하며 고민에 빠지는 것이 필요한 것이 아니라 자신에게 있는 장점 즉 자신에게 있는 능력을 찾아내고 활용하는 것이 필요하다.

콤플렉스가 심하여 우울증이라는 위험에 빠지는 사람들이 많다. 그리고 콤플렉스가 유발한 우울증을 극복하지 못한 사람은 자살이라는 극단적인 선택까지 한다. 매우 어리석은 사람들이다.

이런 콤플렉스로부터 오는 위험은 앞서 말했듯 자신 스스로가 만든 함정이다. 왜 자신이 완벽해야 한다고 생각하는지? 과연 완벽한 사람은 있다고 생각하는지? 자신에게는 없지만 다른 사람은 있다고 생각하는 것 하지만 정작 자신에게 있는 것이 다른 사람에게는 없다는 것을 왜 생각 못하는가? 차라리 겸손해져라. 겸손으로 자신의 단점을 받아들이고 자신의 장점을 활용하여 그 콤플렉스를 덮어라. 선택과 집중을 하라는 것이다.

실수로 인한 열등감에 빠지는 사람들도 있다. 이 역시 매우 어리석은 것이다. 실수라는 것은 다음의 행동으로 인해 충분히 극복될 수 있는 간단한 것이다. 실수했으면 다음에 더 잘하면 되는 것이다.

콤플렉스는 이 외에도 자신의 주변 환경으로부터 오는 상대적 박탈감도 있다. 자신의 위치와 경제력 그리고 하는 일에 대해 불만족하는 경우다. 자신이 처한 환경을 비관하는 사람들이다. 하지만 어떤 사람이라도 완벽한 환경에 처한 사람은 없다. 세상 어느 곳에 있든 완벽한 환경은 없다.

유명한 스타도 그 위치에는 좋지 않은 결함이 있다. 우선 일상생활을 잃는다. 그들은 보통 사람들처럼 일상생활을 누릴 수 없다. 그리고 다른 스타와의 상대적 박탈감이 있다.

어느 곳에 있든 자신의 환경이 만족스럽지 못한 것은 마찬가지다. 중요한 것은 현재 자신의 주변 환경 역시 자신의 행동에 따라 변화 된다는 것이다. 자신의 주변 환경에 대해 비관하는 것보다는 그것을 동기로 삼고 그 환경에 변화를 줄 생각을 하라.

이처럼 장애와 콤플렉스로부터 오는 위험 역시 극복해야 하는 것이다. 이 위험에 절대 굴복해서는 안 된다. 콤플렉스의 위험을 극복하는 자는 값진 보물을 얻게 되지만 위험에 굴복하는 자는 그 위험에 삼켜져 평생 고통을 당하게 된다는 것을 기억해야 한다. 위험은 극복하게 되면 더 이상 위험이 아니다. 자신을 더욱 돋보이게 하는 보물로 변화된다. 강조한다. 위험은 극복하여 자신에게 도움이 되라고 있는 것이다.

4 경쟁자로부터 오는 위험

사회생활을 하다 보면 수많은 경쟁자들을 만나게 된다. 개인적으로는 직장과 사업장에서 경쟁자가 있고 크게는 기업, 정치에서도 경쟁 상대가 존재한다. 이 경쟁자는 직접적인 해를 끼치지는 않지만 이겨내지 못하면 자신에게 많은 손해가 오기 때문에 자신의 성공과 목표를 위해서는 반드시 극복해내야 하는 위험이다.

경쟁자는 결론적으로 성공에 방해가 되는 것이다. 자신이 목표로 하고 이루려는 것을 먼저 앞서 뺏어낼 수 있는 존재이기 때문이다. 하지만 반대로 자신을 단련시키고 강하게 만들어주는 고마운 존재다. 지금부터 그 이유를 알아보자.

경쟁자가 없으면 경쟁력도 없다. 경쟁자는 우리에게 경쟁력을 유발시킨다. 경쟁자와의 경쟁과정에서 우리의 경쟁력은 커져나가게 된다. 즉 강한 경쟁자일수록 그 경쟁자와의 경쟁 과정에서 우리는 자신의 경쟁력이 더욱 높아지는 것을 경험하게 된다. 왜냐하면 경쟁자는 자신으로 하여금 경쟁자를 이기려는 동기를 유발시켜 더 강한 경쟁력을 가질 수 있도록 인도하기 때문이다. 경쟁자와 경쟁자는 서로를 발전시키는 원동력이 되는 것이다.

어렸을 적 달리기를 생각해 보자. 달리기 속도를 측정할 때 경쟁자 없이 각자 달려서 측정한 경우도 있었고 여러 명의 경쟁자와 함께 달리기를 한 경우가 있었을 것이다. 그럴 때마다 시간 결과는 다르게 나온다. 혼자 달렸을 때보다 한명이라도 경쟁자가 있는 것이 더욱 열심히 달리게 하기 때문에 시간이 단축되는 것이다. 경쟁자가 없을 때 역시 최선을 다해 달리겠지만 경쟁자가 있을 때의 긴장감이 없기 때문에 결과는 좋지 않다.

이처럼 경쟁자가 없으면 자신의 경쟁력도 떨어질 수밖에 없다. 경쟁자가 없다면 굳이 자신의 능력을 더 발휘할 필요가 떨어진다.

다른 예로 기업에게 경쟁자가 없다면 신상품을 개발하거나 생산성 향상, 소비자 서비스 강화와 같이 기업의 경쟁력을 강화시킬 수 있는 것들이 필요가 없어질 것이다. 그러면 기업의 발전은 더딜 수밖에 없다.

개인도 마찬가지다. 자신에게 경쟁자가 있어야 자신의 능력을 높이기 위해 노력을 할 것이고 자신의 능력을 최고로 발휘하기 위해 최선을 다하게 될 것이다. 경쟁자는 자신을 단련시키고 자신의 능력을 더 발휘하게 만들어주는 존재다. 경쟁자라는 위험을 극복해내는 과정을 계속 거쳐나간다면 자신의 능력과 힘이 상승하는 것을 느끼게 될 것이다.

경쟁자에 대해 좀 더 생각해볼 것이 있다. 자신에게 경쟁자가 없다고 말하는 사람이 있다. 딱히 경쟁상대로 여길 만한 존재가 없다는 것이다. 하지만 그것은 자신의 눈이 가려 경쟁자를 느끼지 못할 뿐이다. 만약 그렇게 느껴진다면 경쟁자를 찾아내야 한다. 아니면 경쟁자를 만들어서라도 가져야 한다. 항상 자신의 곁에 경쟁자의 존재를 둘 필요성이 있다. 그 경쟁자라는 위험을 극복하고 이겨냄으로써 자신의 가치를 더욱 높이기 위해서다.

또한 경쟁자는 너무 먼 존재가 되어서는 안 된다. 예를 들어 뒤처져 있거나 많이 앞서 있다면 자신의 경쟁자라 볼 수 없다. 너무 쉽거나 너무 어려운 경쟁자는 자신의 발에 오히려 힘이 빠지게 한다. 경쟁자는 자신과 비슷한 위치에 있어서 자신을 자극시키는 존재가 가장 좋다.

또 한 가지, 경쟁자로부터 배울 줄도 알아야 한다. 경쟁자는 자신의 또 다른 스승이기도 하다. 경쟁자에게서 자신에게 없는 경쟁력을 배우는 개방 정신을 가져라. 자신보다 우위에 있는 것은 배우고 자신이 가지고 있는 것을 강화시켜 경쟁자를 이겨내야 한다. 그리고 경쟁자가 자신에게서 무엇인가를 배우고자 한다면 차라리 가르쳐줘라. 그것으로 경쟁자가 어떤 새로운 경쟁력을 만들어내는지 지켜보라. 자신의 경쟁력 강화를 위해서 경쟁자도 키워낼 필요는 있다.

3장

미친 정신으로 위험을 극복하라

지금까지 다양한 위험에 대해 다루어 보았다. 위험에 대한 생각이 변화되어 분명 도움이 될 것이라 믿는다. 하지만 지금까지 말한 것보다 더 위험한 것 즉 생명에 위협을 가하는 사건, 사고, 재난은 어떻게 설명되어지는가에 대해 불만도 있을 것이다.

갑작스럽게 목숨을 앗아가고 재산을 뺏기며 또는 몸에 심각한 위험을 당하는 일이 세상에는 너무 많다. 목숨을 뺏기지 않는 한 그것은 극복될 수 있는 위험이지만 개인에 따라서는 목숨보다도 소중한 것을 잃는 위험을 당하기도 한다. 이런 것은 워낙 갑작스럽고 예고되지 않은 것이기에 어쩔 수 없이 극복할 수 없는 위험이 되어버린다.

인간이 서로 모여 만들어가는 사회는 이렇게 위험을 극복할 수 없는 일이 너무 많다. 결국 이 위험은 자신 스스로가 조심하는 수밖에 없다. 달리 방법이 없다. 그렇다고 이런 위험을 조심하고자 산으로 올라가 혼자 살수도 없는 노릇이다. 스스로 조심하고 대처를 하되 그렇다고 많은 힘을 기울일 필요는 없다. 차라리 극복할 수 있는 위험에 집중하여 인생의 성공을 그려나가라.

누구든 언제 어디서 무슨 사고를 당할지 모른다. 중요한 것은 최선을 다하는 오늘을 사는 것이다. 뜻이 있으며 성공을 향해 달려가는 자는 다가올 재난도 비켜나갈 것이다. 다시 한 번 말하지만 목숨을 잃지 않는 한 극복하지 못할 위험은 없다. 극복할 수 있는 위험의 범위를 최대한 넓혀둬라.

위험은 두려움을 동반하다고 했다. 시작도 하지 않은 채 밀려오는 두려움에 사람들은 많이도 쓰러진다. 작은 위험으로부터 오는 두려움에 또한 쉽게 주저앉는다. 하지만 생각해 보자. 두려움이 없는 것은 기계뿐이다. 기계만이 두려움 없이 자신이 할 일을 할 뿐이다.

누구에게나 두려움은 있는 것이며 그 두려움이라는 위험을 얼마나 극복하느냐에 따라 인생의 길이 달라진다. 사실 위험으로부터 오는 두려움을 깨고 나서 뒤를 돌아보면 별것 아니었다는 생각이 들 것이다. 단지 '한다.' '안 한다'의 선택의 차이일 뿐이라는 것을 알게 될 것이다. 단적으로 자신이 전신마비가 걸렸어도 '성공을 향해 나아가겠다.' '나아가지 않겠다.'의 선택이 필요할 뿐이다. 그 선택은 두려움을 극복하느냐 두려움을 극복하지 못하느냐에 따라 달라질 것이다.

성공한 사람들은 모두 미친 사람이기기도 하다. 일반 사람들은 이해하지 못하는 바로 위험 속에서 헤엄을 치는 사람들이다. 그들은 만나는 위험마다 부딪히며 그것을 정면 돌파한다. 그들은 일반 사람들과는 동떨어져 있기에 미친 사람처럼 보인다. 성공을 향해 나아가는 사람들의 눈에는 성공만 보인다.

예를 들어보자. 어떤 깊은 땅에 황금이 있고 그 땅에 황금이 들어있는 것을 본 사람은 땅을 열심히 파고 또 팔 것이다. 하지만 그것을 모르는 일반 사람들은 땅을 파는 그를 미친 사람으로 볼 것이다. 바닷가에 바위가 하나 있다. 어떤 조각가가 그 바위를 열심히 조각하고 있다. 일반 사람들은 그냥 큰 돌을 두고 뭐 하는 짓이냐고 물을 수도 있다. 하지만 그 바위에서 아름다운 모습을 비춰보고 있는 조각가에게는 매우 훌륭한 바위다.

위험을 깨고 나아가느냐 위험에 굴복하는 인생을 살아가느냐. 당신은 지금 위험을 어떻게 바라보고 있는가? 위험을 극복함으로써 얻어지는 보물인가, 아니면 위험으로부터 오는 두려움인가. 한번 미쳐보자. 위험을 극복하고 또 극복해냄으로써 자신을 단련시키고 발전시키는 도전에 한번 동참해보자. 위험은 극복하라고 있는 것이다.

2부

위험을 극복하는 3가지 힘

　지금까지 위험을 네 가지의 관점에서 살펴보았다. 이제는 본격적으로 위험을 극복하고 이겨내는 방법을 알아보자. 위험을 이겨내는 힘을 길러보자. 그리하여 위험이 자신에게 도움이 되도록 하자. 위험을 극복하는 힘으로 **생명의 힘, 진실의 힘, 상상의 힘** 세 가지를 뽑았다. 이 세 가지 힘이 여러분이 처해 있는 위험을 이겨낼 수 있는 힘이 되기를 바란다.

　참고로 세 가지의 힘 중 가장 중요하고 필요한 것은 바로 진실의 힘이다. 진실의 힘이 있어야 생명의 힘이 있으며 진실의 힘이 있어야 상상의 힘이 존재하게 된다. 진실의 힘은 모든 것의 기반이 되는 힘이다. 그러므로 진실의 힘을 가장 중요하게 생각하고 진실의 힘에 힘을 기울여라. 이해를 돕기 위해 **생명의 힘->상상의 힘->진실의 힘** 순서대로 정리하였다.

　진실의 힘이라는 기반을 가지고 생명의 힘으로 위험을 극복하는 추진력을 얻으며 상상의 힘을 통해 뜻을 펼쳐 나가라. 이것이 작가가 제시하는 위험을 극복하는 힘이다.

1장

생명의 힘

1 생명의 힘을 가져라

■ 미칠 정도로 생명력을 가져라

생명은 살아 있는 것을 말한다. 스스로 움직이고 활동적인 것이 바로 생명이다. 즉 생명력이란 힘을 가지고 그 힘으로 움직이는 살아 있는 것이다. 바로 이 생명력이 위험을 이기는 강력한 힘이 되어준다.

투수가 던지는 공을 예로 들어보자. 투수가 던지는 공에 힘이 넘쳐 속도가 빠르면 빠를수록 타자가 치기 힘들어지는 강력한 공이 되며, 마치 살아있는 듯 이리저리 움직이는 변화가 많은 공이라면 더욱 치기 힘들어진다. 속도와 변화가 많을수록 그 공은 생명력이 넘치는 공이며 그 공은 투수로 하여금 타자라는 경쟁자를 제압하는 무기가 된다. 살아 움직이며 빠른 속도로 무장한 공처럼 최대한 활동적이고 힘이 넘치도록 자신을 끌어올려라. 그것이 위험을 극복하는 생명력이 될 것이다.

　자신의 상태뿐만이 아니라 하려는 일에도 생명력을 불어넣을 필요가 있다. 예를 들어 자신이 소설을 쓴다고 하자. 성공적인 소설을 쓰기 위해서는 독자에게 잘 전달될 수 있는 생명력이 가득한 글이 되어야 한다. 마치 살아 있는 듯한 묘사와 전개 그리고 캐릭터의 살아 있는 듯한 설정 등 작품에 생명력을 불어넣어야 한다.

　자신을 생명력이 넘치도록 하여 위험을 극복할 수 있지만 이처럼 자신이 하고자 하는 일에도 생명력을 불어넣는다면 더 도움이 될 것이다. 그러므로 자신이 하는 일의 생명력을 높여줄 수 있도록 일을 하는 능력을 높이는 데 게을리 해서는 안 된다.

　사람은 누구나 생명력을 가지고 있다. 즉 위험을 극복할 수 있는 힘이 이미 자신에게 있다. 하지만 그 생명력에는 차이가 있다. 그 차이가 바로 위험을 극복하느냐 극복하지 못하느냐를 가르는 중요한 원인이 된다. 이처럼 사람마다 생명력에 차이가 있는 이유는 바로 스스로 자신의 한계를 만들고 그 한계의 함정에 빠져 있기 때문이다.

　사람은 누구나 강력한 생명력으로 위험을 이길 수 있는 가능성을 가지고 있으나 대다수의 사람들이 자신의 생명력의 일부만을 사용하여 위험을 극복하지 못하고 오히려 위험에 삼켜지고 있다. '나는 할 수 없어. 나는 보통 사람이야. 되는 대로 살면 돼.' 이렇게 자신의 힘과 가능성을 한계 짓고 할 수 있는 일을 안 하는 사람이 있는 반면 '나는 할 수 있다. 나는 앞으로 크게 될 사람이야. 지금도 성공을 위해 노력하고 있다.'라고 자신의 힘과 가능성을 크게 두고 행동을 하고 있는 사람이 있다. 이 생명력의 차이는 위험을 극복하는 데 있어 차이를 발생시킨다. 그리고 그것으로 인해 성공과 실패로 인생의 결과가 달라진다.

앞에서 말했듯 기가 죽고 힘이 빠진 채 아무것도 하지 않거나 되는대로 살자는 사람들이 너무 많다. 이들은 생명력이 없는 것이다. 그리고 위험을 이겨내지 못하는 사람들이다. 안전해 보이는 곳에 몸을 숨기고 위험으로부터 도망을 가는 데 급급한 사람들이다. 이들은 절대 발전이 없으며 인생의 위험에 계속해서 고통을 당하게 되는 사람들이다.

그러므로 위험을 극복하고 인생의 성공을 하고 싶다면 생명력을 가져라. 성공을 위해 지금 바로 행동에 들어가라. 생명력을 가지기 위한 최고의 조언은 바로 미쳐보라는 것이다. 작심 3일이란 말이 왜 있는가? 그만큼 계획에 대한 추진력 즉 생명력이 부족하기 때문이다. 그러므로 성공을 향해 노력을 미친 듯이 해야 한다. 즉 엄청난 에너지로 무장을 하라는 것이다.

자신의 목표에 미친 사람은 그 목표를 방해하는 위험을 걱정하지 않는다.(실제로 미친 사람은 아무리 날뛰어도 지칠 줄 모른다.) 위험을 두려워하지 않고 성공을 향해 맹목적으로 나아갈 수 있도록 미친 힘을 가져보자. 그렇게 미친 듯이 성공을 향해 나아가다 보면 어떠한 위험도 극복하는 데 힘이 들지 않을 것이다.

■ 자신의 잘못된 것을 바로 잡아 생명력을 가져라

자신에게 생명력을 불어넣기 위해 한 가지 더 필요한 것이 있다면 바로 자신의 잘못된 것을 바로잡는 것이다. 자신의 잘못된 부분을 제대로 찾지 못하면 고장 난 TV처럼 제대로 된 생명력을 나타내지 못한다. 잠시 TV를 때리면 생명을 되찾은 듯 보이지만 이내 다시 꺼져버리고 만다. 완전히 고쳐져야 제대로 된 생명력을 나타낼 수 있는데 완전히 고쳐지지 않으니 잠시 정신을 차린 듯하다가도 다시 고장이 나버리는 것이다.

자신의 깊은 곳에서부터 잘못된 여러 가지 문제가 복합적으로 발생되는 경우가 많기 때문에 고치기가 쉽지 않다. 그러므로 자기 자신 자체를 깨어 부수어야 한다. 완전히 깨어 부수어짐으로써 새롭게 다시 조립되어야 한다. 자신을 처음부터 다시 시작하여 생명력이 넘치는 상태로 조립해 나가라. 나쁜 것은 제거해 나가면서 긍정, 바른, 열정 등 좋은 생명력을 불어넣어라.

또 한 가지 자신의 잘못된 부분을 바로 잡는 것은 습관과 관련이 있다. 습관은 사람의 행동의 거의 대부분에 영향을 미친다. 작은 행동에서부터 인생의 길을 가르는 갈림길의 선택에까지 사람은 습관의 영향을 받게 된다. 습관이 사람의 특징을 나타내며 사람의 인생길도 결정짓는 것이다.

이처럼 습관은 사람을 지배한다. 사람의 모든 행동을 결정짓기 때문이다. 반면 습관은 사람의 지배를 받기도 한다. 사람이 습관을 바꿀 수 있기 때문이다. 그러므로 이 습관을 자신이 어떻게 길들이느냐에 따라 인생의 모든 결과가 달라진다고 해도 과언이 아니다.

어떤 습관을 가질 것인가? 자신에게 생명력을 주는 습관을 가져라. 필자는 메모하는 습관을 가지고 있다. 메모하는 습관이 있음으로 해서 얻는 것은 바로 천재 부럽지 않은 기억력이다. 수시로 얻는 아이디어를 항상 가지고 다니는 수첩에 메모를 해두는데 그것은 나중에 매우 유용하게 언제든 꺼내 사용할 수 있다. 이처럼 자신에게 생명력을 주는 습관을 가지는 것은 인생의 성공을 위해 매우 중요한 것이다. 자신에게 생명력을 불어넣어 주는 다양한 습관을 가져보기를 바란다.

이제 자신에게 생명력을 불어넣을 여러 가지 방법들을 알아보자. 자신에게 생명력을 불어넣을 필요한 방법들이 무엇이 있는지 살펴보자. 각자 자신에게 필요한 것을 점검해 보기 바란다.

2 겸손은 생명력의 기본이다

위험을 극복하는 생명력의 가장 중요한 기본은 바로 겸손이다. 겸손한 자가 생명력이 넘치는 자다. 겸손하지 못하면 그 생명력은 힘이 빠져 낚싯줄에 의해 올라오는 물고기와 같다. 하지만 겸손한 자는 자신에게 다가온 낚싯줄을 끊어버리는 생명력을 가진 자다. 겸손은 좋은 것을 받아들이고 나쁜 것은 배제하는 힘을 가졌다. 그래서 자신으로 하여금 생명력이 넘치는 것들을 제공하여 준다. 낚싯줄을 끊어버리는 힘은 여기서 나온다.

겸손은 자신이 하는 일에도 생명력을 불어넣어 준다. 리더십을 예로 들어보자. 어떤 리더가 생명력이 넘치는 리더인가? 자신과 구성원들로 하여금 위험을 극복해낼 수 있게 하는 생명력이 가득한 리더십은 무엇인가?

바로 남을 섬기고 남의 부족함을 채워주는 리더다. 권위 있고 강한 리더는 진정한 리더가 아니다. 자신을 낮추고 남을 섬기는 리더가 진정한 리더가 될 수 있다. 왜냐하면 강한 리더는 구성원들을 다스릴 수는 있지만 그 마음을 사지는 못한다. 하지만 남의 부족함을 채워주는 겸손한 리더십은 구성원들로 하여금 마음으로부터 우러나오는 충성을 받을 수 있다. 일방적으로 명령하는 리더보다 힘을 불어넣어 주는, 겸손함으로 부족함을 채워주고 섬겨주는 리더가 구성원들로 하여금 춤을 추게 만드는 생명력 있는 리더가 되는 것이다.

리더십의 예에서 보듯 자신이 어떤 위치에 있건 자신이 어떤 역할을 맡고 있건 겸손이 자신에게 무장되어 있다면 그 겸손함이 좋은 생명력이 되는 것을 알 수 있다. 겸손한 자는 자신이 하는 일에 보다 더 힘을 기울이고 좋은 방법을 찾는 데 부지런하게 하지만 거만한 자는 자신이 하는 일에 최선을 다하지 못한다. 즉 생명력이 없는 것이다.

자신의 마음 상태를 겸손함으로 무장하여 겸손함이 가져다주는 생명력을 가져라. 앞으로 다른 생명의 힘에 대해 이야기를 하겠지만 그 모든 생명력의 기본에 바로 겸손이 있어야 한다. 다양한 생명의 힘에는 겸손함이 바탕이 되기 때문이다. 그리고 겸손한 자는 자신의 잘못된 부분을 받아들일 줄 아는 자며 그 잘못을 깨어 부술 수 있는 자다. 하지만 거만한 자는 자신의 잘못된 부분을 받아들이지 못한다. 자신의 잘못된 부분을 깨어 부수지 못한다. 그렇기에 자신의 잘못된 부분들을 바로 잡으며 자신을 보다 더 생명력 있는 상태로 만들기 위해서는 겸손함을 기본으로 가져야 한다.

3 자신의 몸에 생명력을 입혀라

자신의 몸을 황금처럼 매우 값있게 사용하는 사람이 있는 반면 자신의 몸을 걸레처럼 사용하는 사람들이 있다. 자신의 몸을 어떻게 사용하는가에 따라 위험을 극복할 수 있는 생명력도 달라진다. 그리고 몸을 어떻게 사용하는가는 자신에게 달렸다. 자신의 몸을 어떤 가치로 여기고 사용했는가?

많은 사람들이 안타깝게도 자신의 몸을 걸레로 사용하고 있다. 자신의 몸을 술독에 빠트리는 사람, 자신의 몸을 성적 쾌락의 도구로만 사용하는 사람, 자신의 몸을 값싼 담배 한 개비에 맡기는 사람 등 심지어 자신의 몸을 학대, 자살하기까지 하는 사람들이 있다.

왜 이렇게 많은 사람들이 자신의 몸을 걸레처럼 사용하는 것일까. 자신의 몸의 가치를 모르기 때문이다. 자신의 몸의 소중함을 모르기 때문이다. 자신에게 주어진 몸은 성공을 위해 잘 사용하라고 주어진 것이다. 하지만 사람들은 어떤 것이든 이루어 낼 수 있는 자신의 몸의 가치를 모르고 함부로 사용하고 있다. 이처럼 몸을 함부로 사용하는 사람은 위험을 극복하는 생명력이 없는 사람이며 오히려 자신 스스로 위험을 만들어내는 사람이다.

어려움 가운데 자신의 몸을 생명력 있게 사용하는 사람들도 있다. 자신의 몸에 두 팔이 없어도, 자신의 몸에 다리가 없어도 또는 자신의 몸에 커다란 암이 있어도 그것을 이겨내며 성공을 위해 몸을 올바른 방향으로 사용하는 사람들이다.

자신의 몸에 성형을 하여 잘 가꾸는 것이 생명력이 있는 것이 아니다. 자신의 몸이 비록 보잘것없지만 그것을 최선을 다하여 가치 있는 곳에 사용하는 것이 생명력이 있는 것이다. 자신의 몸을 가치 있는 곳에 두고 사용하는 것 그것이 자신의 몸으로 하여금 위험을 극복해낼 수 있는 생명력을 입히는 것이다.

지금 이 시간에도 자신의 몸을 아무런 가치도 없거나 오히려 자신의 몸의 생명력을 격하시키는 곳에 사용하는 사람들이 있다. 자신의 몸을 게으름으로 가만히 두거나 자신의 몸을 쾌락에 쫓게 하는 사람들, 또는 자신의 몸을 다른 사람을 해치는 폭력의 도구로 사용하는 사람들 그것은 모두 자신의 선택이라는 울타리 안에 있다.

자신의 몸을 나쁜 곳에 쓰지 마라. 자신의 육체를 생명력 있게 사용하라. 그러면 위험을 극복해내는 힘을 얻게 될 것이다. 자신이 지금까지 자신의 몸을 함부로 사용했다고 해도 다시 시작하면 된다. 병든 몸은 얼마든지 치유하고 되돌릴 수 있다. 무엇보다 자신이 태어났을 때 자신의 존재는 그 어느 것보다 소중했음을 기억하자.

4 변화의 생명력을 가져라

변화는 위험을 극복하는 아주 강력한 생명력 중 하나다. 세상은 끊임없이 변화하는 자들의 것이다. 변화가 없다면 위험을 극복하는 힘도 없다. 투수가 던지는 야구공이 변화가 많으면 많을수록 타자를 쉽게 제압할 수 있듯이 변화의 힘은 위험을 극복하는 아주 강력한 힘이 되어 준다. 어떻게 변화할 것인가?

첫째, 카멜레온처럼 변화하라. 카멜레온은 주변 환경에 맞춰 끊임없이 변화를 한다. 그럼으로써 카멜레온은 천적이라는 위험을 극복해낸다. 즉 쉬지 말고 변화를 해야 하는 것이다. 이처럼 변화의 생명력을 가지라는 것은 자신을 끊임없이 변화시키라는 것이다.

카멜레온처럼 변화하는 것이 위험을 회피하는 것처럼 보일 수 있다. 하지만 카멜레온처럼 변화하는 것은 위험을 극복하는 한 가지 방법이자 무기다. 위험을 회피하여 안전한 곳에 몸을 숨기는 것과는 다른 것이다. 위험을 회피하는 것은 변화의 생명력이 없는 것이다. 무엇보다 변화를 게을리 하면 위험에 삼켜진다는 것을 알아야 한다.

둘째, 필요한 것에 따라 변화되어라. 인생을 살아가면서 자신에게 필요한 것을 찾아 자신에게 적용시켜야 한다. 위험을 극복하고 성공에 다가서는 데 필요한 것을 찾아라. 자신에게 필요한 것은 시간에 따라 변화한다. 자신에게 필요한 것은 항상 똑같은 것이 아니다. 필요는 주변 환경에 따라 달라진다. 그 필요성을 받아들여 자신에게 적용시켜야 한다. 주변의 필요에 따라 또는 자신의 발전과 도약을 위한 필요에 따라 자신을 꾸준히 변화시켜야 한다.

현대사회는 특히 빠른 변화를 요구한다. 그러나 변화는 쉬운 것이 아니다. 변화는 현실에 안주하고자 하는 사람들이 하기에는 너무 어려운 것이다. 하지만 생각해 봐야 할 것은 변화는 곧 행동(생명력)이라는 것이다. 행동하는 자만이 성공을 할 수 있다. 행동이 없는 데 이루어지는 것은 아무것도 없다. 즉 변화 없이 어떤 성공도 이룰 수 없다.

5 과거의 영광에 집착하지 마라

우리는 언제나 과거를 바라본다. 과거의 자신이 잘나갔을 때를 떠올린다. 그러면서 현재의 자신의 초라한 모습을 자위한다. 자신의 잘못된 과거의 모습은 잊어버리기 위해 노력하지만 과거의 잘나갔던 모습은 계속해서 떠올린다.

하지만 정작 잊어야 할 것은 과거의 잘나갔던 기억이다. 반면 과거의 잘못된 기억은 되새기고 되새겨 앞으로의 미래에 되풀이되지 않게 해야 한다. 과거에 대한 집착은 자신을 주저앉게 만드는 또 다른 위험이다. 과거의 영광에 집착하여 앞으로 나아가지 못하는 즉 생명력을 잃어버리는 사람들이 너무 많다.

한때 잘나가던 기업의 사장이었던 사람이 있었다. 지금은 악기를 가르치는 강사로 활동하고 있지만 기업의 사장 시절에는 100억 대의 자산을 경영했었다. 그는 만날 때마다 그때의 이야기를 하였다. 한때 자신이 잘 나가던 사장이었다는 것을 늘 강조를 한다. 그러면서 과거의 영광에 사로잡힌 채 다시 새로운 도전을 할 생각을 못하고 있었다. 그리고 그는 그의 그런 행동이 자신의 가치를 떨어뜨리고 있다는 것을 몰랐다.

그는 자신이 과거에 잘나갔던 것을 강조하지만 정작 사람들은 현재의 그를 본다는 것을 깨닫지 못하는 것이다. 그리고 과거의 영광이 앞으로의 미래의 성공에 전혀 도움이 되지 못한다는 것도 깨닫지 못하고 있었다. 과거의 잘나갔던 자신의 영광이 앞으로의 성공에 그리고 앞으로 만나는 위험을 극복하는 데 전혀 도움이 되지 못하고 오히려 자신의 발목을 잡을 수 있는 위험 요소라는 것을 그는 빨리 깨달아야 한다. 과거의 영광에 집착하는 사람들은 앞으로 나아가는 행동(생명력)에 스스로 제약을 걸어버리는 것과 같다.

이 외에도 자신이 목표를 향해 나아가는 데 있어(현재 시점에서) 잘한 것은 내세우고 잘못한 것은 숨기거나 기억하지 않는 사람들이 있다. 이는 분명 잘못된 것이다. 자신이 잘한 행동은 분명 칭찬받을 일이나 앞으로의 성공에 오히려 도움이 되는 것은 바로 실패다. 즉 실패를 통한 교훈이다. 또 한 가지 현재의 영광도 버려야 한다. 미래의 성공을 위해 현재의 영광도 버리는 것이 필요하다. 앞서 말한 겸손처럼 끊임없이 자신을 낮추며 더 큰 성공을 위해 자신을 채찍질하는 것이 낫다.

크게 될 사람은 과거의 영광과 심지어 현재의 영광도 크게 생각하지 않는다. 오히려 미래에 다가올 더 큰 영광을 위해 꾸준히 노력하는 사람이다. 자신이 성공하고 싶다면 과거의 영광은 버리는 것이 필요하다. 과거의 영광을 버림으로써 생명력을 키워라. 과거의 영광으로 현재의 자신의 낮은 위치를 자위한다면 절대 그 위치에서 벗어날 수 없기 때문이다.

6 외모에 생명력을 입혀라

왜 외모가 생명력에 영향을 미치는가? 사람을 판단하는 데 있어 겉모습을 보지 말고 속을 보라고 한다. 하지만 이것에는 분명 오류가 있다. 다른 사람을 판단하는 데 있어 대부분의 사람들은 외모로 판단한다.(여기서 외모는 육체적인 생김새가 아니라 깔끔함, 입는 옷, 화장 등의 차이로 생기는 겉모습을 말한다.)

이것이 한쪽 방향으로만 흐르다 보니 폐단이 생겼을 뿐 사람을 판단하는 데 있어 외모는 절대 빠져서는 안 되는 것이다. 사람의 속을 보고 판단할 수 있는 것은 그 사람의 됨됨이가 충분히 다른 사람에게 알려져야 가능한 일이다. 아무리 속이 깊은 사람이라고 해도 외모가 평생 허술하다면 일부를 제외하고 대부분의 사람들이 그를 별 볼일 없는 사람으로 여기게 될 것이다. 그렇게 되면 자신의 생명력 또한 제한적일 수밖에 없다.

또한 외모를 가꾸지 않는다는 것은 그만큼 자기 관리에 관심이 없다는 말도 된다. 외모가 허술한 사람이라면 세상이 자신을 별

볼일 없다고 판단해도 좋다는 잘못된 마인드를 가지고 있는 사람이다. 얼굴이 볼품없어서 외모를 가꾸지 않는가? 그것은 잘못된 생각이다. 얼굴도 가꾸기 나름이다. 자신감을 가지고 외모를 가꾸는 것이 필요하다. 자신감 부족으로 자신의 외모 관리에 소홀히 한다면 세상도 자신을 소홀히 하는 것을 보게 될 것이다.

특히 위치가 높은 사람일수록 외모에 생명력을 입히는 것이 매우 중요하다.

군대를 이끄는 장군은 멋지고 품위 있는 유니폼을 입고 있다. 아무리 능력이 훌륭한 장군이라도 병사들 앞에서 허술한 차림을 하고 있다면 병사들이 장군에게 믿음이 가지 않을 것이다. 장군은 아무리 상황이 어려워도 품위가 있어야 병사들을 이끌 수 있다.

대통령이 허술한 옷을 입고 다닐 수 있겠는가? 국민들 앞에서 국가의 대표 자격을 가지고 있는 대통령이 허술한 모습을 가지고 있는 것은 어느 누구도 허락지 않을 것이다. 가난한 나라의 대통령도 외모를 가꾸는 데 소홀히 하지 않는다.

이처럼 외모를 가꾸지 않으면 주변 사람들에게 있는 능력도 무시당하지만 외모를 가꾸면 없는 능력도 생겨난다. 리더는 자질과 능력을 갖추는 것이 중요하지만 외모가 그 능력을 발휘하는 데 있어 주변 사람들에게 영향을 미치기 때문이다.

한 멘토는 이렇게 말했다. "부자의 능력을 판단하려면 겉모습으로는 판단할 수 없으니 속을 알기 위해 주력하고 가난한 사람들은 겉모습부터 보고 판단하라." 자신이 가난하고 자신의 현재 처지가 안 좋다고 외모에 대한 관리를 소홀히 하면 세상은 더욱 냉정하게 자신을 판단해 줄 것이다. 2차 세계대전 당시 자신의 외모를 학식 있는 분위기로 항상 관리하여 독일 병사들을 압도한 유태인 포로의 이야기는 모두들 알고 있을 것이다. 외모를 관리한 사람과 외모를 관리하지 않은 사람의 차이는 그만큼 크다.

겉보다는 분명 속이 중요한건 맞다. 하지만 겉도 세상을 향해 나아가는 데 있어 매우 중요하다. 겉을 소홀히 여기지 마라. 사람들이 겉만 보고 판단하는 것을 탓하기보다는 자기 자신을 관리하는 것이 낫다. 그것은 가식적인 것이 아니라 주변 사람들에게 미치는 자신의 생명력의 가치를 높이는 일이다. 외모가 주변에 미치는 생명력을 무시해서는 안 된다.

7 개방 정신을 가져라

개방을 한다는 것은 자신의 모든 것을 세상 사람들에게 비밀과 거짓 없이 나타내는 것이다. 그리고 세상의 모든 것을 향해 거부감을 드러내지 않겠다는 것이다. 성공한 사람들을 보면 대부분 자신의 많은 부분을 다른 사람들에게 공개했다. 그리고 세상의 많은 부분을 거부감 없이 받아들인 사람들이다.

폐쇄적인 사람은 절대 성공할 수 없다. 자신이 성공하고 싶다면 지금부터라도 세상을 향해 개방하라, 열어라, 모든 것을 나눠주어라. 개방 정신을 가진 자는 위험을 극복할 수 있는 생명력을 가지게 될 것이다.

그렇다면 어떻게 개방해야 되는가? 각 개방정신이 가지는 생명력의 힘은 무엇인가?

첫째, 듣기를 힘쓰는 사람이 개방하는 자다. 마음이 닫힌 자는 다른 사람들의 말에 귀를 기울이지 않는다. 마음이 개방된 자가 다른 사람의 말과 의견을 존중해준다. 듣는 것의 힘은 모두 알고 있을 것이다. 듣기를 힘쓰다 보면 사람들이 자신에게 많은 것을 개방하고 있다는 것을 알게 될 것이다. 듣는 것은 자신을 개방하는 것이기도 하지만 다른 사람들로 하여금 개방하게 하는 위력도 있다.

둘째, 가르치는 자가 개방하는 자다. 어떤 분야에서 자신만의 비법을 가지고 있다면 그것을 다른 사람에게 가르치라는 것이다. 비법이 없어도 조금이라도 알고 있는 것이 있다면 다른 사람들에게 가르치기를 힘써야 한다. 알고 있는 것을 숨기고만 있는 사람은 세상과 소통할 수 없다. 세상으로부터 많은 것을 배우기가 힘들다.

조금이라도 알고 있는 것을 가르치면 그것이 더 큰 깨달음으로 다가와 완전히 자신의 것이 될 것이다. 자랑하라는 것이 아니다. 자신에게 질문해오는 이에게 답변을 거절하지 말라는 것이다. 질문하지 않아도 다른 사람에게 필요한 정보라면 그것을 가르쳐라. 가르치면 자신 또한 배우게 될 것이다.

셋째, 양보하며 다른 사람의 편의를 중시하는 자가 개방하는 자다. 자신보다는 다른 사람들의 편의와 필요를 먼저 생각하는 것이 여기에 해당한다. 사업과 사회생활에서 이것은 굉장한 위력을 드러낸다.

기업은 자신의 이익을 사회에 환원하거나 환경을 보호하는 정책을 써야 존경받는 기업이 된다. 그리고 소비자의 편의와 필요를 생각하고 그것을 충족시키기 위한 상품을 개발하는 기업이 성공한다. 기업이 이렇게 하기 위해서는 자신만의 고집을 꺾고 개방된 마음으로 소비자들에게 다가서야 한다. 개방된 마음을 가진 자는 자신뿐만 아니라 다른 사람에게도 도움이 되는 'win-win'의 힘을 가지고 있는 것이다.

넷째, 모든 것을 나눠주는 봉사 정신은 개방된 자의 것이다. 이것은 남의 부족함을 채워주는 리더십과 관련이 있다. 다른 사람에게 자신의 것을 아낌없이 나눠주는 것 그것은 세상을 향한 개방이다. 세상을 향해 마음이 열린 사람이 기부를 하고 봉사를 한다. 얼마나 마음이 열렸는가에 따라 나눠주고 봉사하는 것이 다를 것이다. 그리고 돌아오는 내적 보상과 행복이 다를 것이다. 이처럼 개방된 사람들이 모여 있는 사회는 모든 사람들을 행복하게 만드는 힘이 있다.

다섯째, 비밀이 없는 자가 개방된 자다. 비밀이 많은 사람은 결코 성공할 수 없다. 자신을 숨기지 않고 적극적으로 알리는 자가 성공할 수 있다. 자신을 적극적으로 알릴수록 많은 사람들이 자신에게 관심을 가지는 것을 보게 될 것이고 비밀 없이 모든 것을 공개하면 더욱 친밀감을 가지고 다가오는 것을 보게 될 것이다. 개방된 자는 개방된 만큼 많은 것을 가지게 될 것이다.

숨기면 숨길수록, 그리고 닫으면 닫을수록 세상일은 꼬이게 될 것이다. 자신을 개방하고 세상을 향해 나아가는 자는 폐쇄된 자의 머리 위에 서게 될 것이다. 그러므로 평생직장이라는 생명력을 자신의 마음에 입혀라.

8 단어의 힘으로 생명력을 불어넣어라

　자신에게 생명력을 불어넣는 또 한 가지 방법으로 좋은 단어들을 가지라고 말하고 싶다. 예를 들어 도전, 자신감, 미소와 같은 단어들이다. 자신에게 힘을 주고 마음을 다시 정리해 주는 단어들을 가지고 다니며 필요할 때마다 되새겨 보는 것이다.

　사람은 나약하다. 항상 똑바른 길로 걸어가기란 불가능에 가깝다. 매번 같은 잘못을 되풀이하게 된다. 이렇게 하루하루 생활을 하다가 자신이 문득 잘못된 길로 빠져나가고 있음을 느낄 때 생각해둔 단어들을 되새겨 보면 자신에게 조언을 해주는 스승과 같은 역할을 해줄 것이다. 그리고 자신만의 좋은 단어를 생각해 두면 분명 마음을 바로 잡는 데도 도움이 될 것이다.

　좋은 단어들을 가지고 있는 것은 좋은 좌우명을 가지고 있는 것과는 다르다. 좌우명은 한 문장으로 한 가지 힘만을 제공하는 것이다. 그리고 큰 방향만을 제시할 뿐이다. 세세한 부분까지 도움이 되지 못한다. 차라리 기억하기 쉽고 여러 가지를 짧은 시간에 생각해낼 수 있는 단어들을 가져보는 것이 좋다. 좋은 단어는 좋은 힘을 가지고 있다. 분명 위험을 극복하는 데 생명력을 불어넣어 줄 것이다.

필자는 여러 가지 위험을 겪었는데 각 위험의 상황을 극복하는 과정을 거치면서 필요한 단어들을 하나씩 늘려나갔다. 나에게 생명력을 불어넣어 줄 수 있는, 앞으로의 인생길에 힘을 줄 수 있는 단어들을 하나씩 만들어 갔다. 그래서 다이어리에 정리해 둔 단어들에는 각 단어와 함께 각 단어로부터 얻을 수 있는 힘이 정리되어 있다. 몇 가지 소개해보고자 한다.

미소- 나는 미소에 자유로워야 한다. 나는 아름다운 사람이 되어야 한다.
희생- 남에게 필요한 존재가 되어야 한다.
집중- 어떤 일을 하든지 집중을 하자. 바늘구멍이 동굴처럼 보이게 그래서 쉽게.
겸손- 나를 낮추자. 채우고 얻을 것이 많고 모든 일의 기본이다.
절대 실천- 실천하지 않으면 아무 의미도 없다.

지금 다섯 가지를 소개했지만 실제로 필자가 힘을 얻기 위해 생각해내는 단어는 17개다. 위험을 극복할 때마다 단어를 한 개씩 늘려나간 것이다. 깨닫는 것이 있으면 그것을 자신만의 단어로 만들어 기억하고 다니길 바란다. 다이어리에 단어와 함께 그 단어로부터 얻을 수 있는 힘을 같이 정리해두는 것도 좋은 방법이다. 이 단어가 힘이 되어 주어 위험을 극복하고 성공을 향해 나아가는 데 도움이 될 것이다. 좋은 단어에는 좋은 생명의 힘이 담겨 있다.

9 아는 것이 곧 생명력이다

많은 사람들이 인생에서 성공을 꿈꾸고 있다. 그렇지만 모두가 성공하지는 않는다. 인생의 막바지에 이르기까지 성공을 하지 못한 사람들은 대부분 자신은 운이 따르지 않았고 성공을 할 수 있는 형편이 되지 못했다고 변명을 한다. 정작 자신들이 성공을 위해 한 것이 아무것도 없으면서 변명만 늘어놓는 꼴이다.

자신이 목표로 한 그 꿈을 향해 도대체 무엇을 했는가? 성공을 하기 위한 방법과 지식을 알기 위해 얼마나 힘을 기울였는가? 자신의 꿈을 먼저 이룬 사람들에게 조언을 구해본 적이 있는가?

많은 사람들이 성공을 꿈꾸고도 이처럼 성공을 하지 못하는 이유는 '아는 것'을 갖추지 않았기 때문이다. '아는 것이 곧 힘이다'라는 말이 있다. 즉 아는 것이 곧 생명력이라는 것이다. 성공을 꿈꿨으면 성공을 하기 위한 방법을 아는 데 게을리 해서는 절대 안 된다. 지금부터라도 성공을 위한 방법을 연구하고 배워둬라.

그래도 최근에는 성공과 부를 위해 책과 강의를 듣는 등 예전보다는 지식에 많은 노력을 기울이는 편이다. 하지만 알려고 한다고 해서 알게 되는 것이 아니다. 지식은 단순히 배우고 공부한다고 해서 자신의 것이 되지 않는다. '아는 것이 힘이다'라는 것은 지식이 자신에게 적용이 되고 나서야 나올 수 있는 말이다.

재테크를 잘하기 위하여 수많은 공부를 하지만 정작 자신의 것으로 남는 것은 거의 없거나 일부에 불과하다. 일반 사람들은 많은 지식을 갈구하지만 자신의 것으로 만들지 못하는 특징이 있다. 지식에 대한 욕구는 많아도 자신의 것으로 체화시키는 데 게으른 것이다. 결국은 지식을 배우고자 하는 욕구만 강하기에 가르치는 지식인들에게 돈을 바치며 이용당하고 있다.

지식을 갈구하고 지식을 얻고자 한다면 이왕이면 그것을 자신의 것으로 만들어야겠다는 결심을 함께 해야 한다. 그렇게 하지 않는다면 차라리 배우지 않는 것이 낫다. 재테크 지식을 얻었다면 그것을 자신의 것으로 체화시키기 위해 노력을 해야 한다. 예를 들어 주식에 대한 지식을 얻었다면 그 지식을 자신의 것으로 체화시키기 위해 시행착오를 감안하며 연습을 해봐야 한다. 자신의 것이 될 때까지 반복해야 한다.

많은 사람들이 지식을 함께 공유해도 성공하는 사람은 1%가 되지 않는다. 지식을 똑같이 얻어도 그것을 자신의 것으로 체화시키는 사람은 극히 일부라는 것이다. 대부분의 사람들이 자기 관리 관련 책을 읽고 나서 그 책을 책장에 꽂아 놓은 채 다시는 주의를 기울이지 않는다. 책을 읽을 때는 마치 성공을 향한 천군만마를 얻은 것처럼 지식을 얻는 기쁨을 느끼지만 책을 다 읽고 나서는 그것으로 끝나게 되는 것이다. 그러므로 지식을 얻는 데 끝나지 말고 그 지식을 자신의 것으로 만들어서 그것으로부터 생명력을 얻어라.

10 +, -를 늘 생각하라

더하기와 빼기를 통해 생명력을 얻을 수 있다. 필요한 것을 더하고 필요 없는 것을 빼서 자신에게 생명력을 불어넣는 것이다. 기업을 예로 들면 필요한 분야의 사업을 인수하고 필요하지 않은 분야의 사업을 매각하는 작업으로 설명할 수 있다. 그래야 기업이 꾸준히 흑자를 내며 운영될 수 있기 때문이다.

이런 +, -는 꽤 재미있으면서도 힘이 있는 개념이다.

우선 +에 대해 알아보자. +는 곧 합이다. 다양한 것을 합쳐 시너지 효과를 노리는 것이다. 시너지 효과를 통해 보다 더 성공에 다가서는 것이다. 마치 음식처럼 다양한 것을 섞어 맛을 내는 것과 같다. +에 대해 자세히 알아보려면 경제 부분에서 생각해보면 쉽게 이해가 간다. 우리는 흔히 이것저것 섞여 있는 것을 '짬뽕과 같다'고 말을 한다. 이 짬뽕을 경제부분에서 생각해보면 돈이 보인다.

중국집을 예로 들어보자. 필자는 한 가지만 먹는 것이 아쉽다. 그래서 탕수육과 짜장면이 같이 있는 탕짜면, 짬뽕과 짜장면이 같이 있는 짬짜면 등 섞어 있는 것을 주로 시켜먹는다. 단일 품목만 취급하는 중국집과 섞어서 다양한 것을 제공하는 중국집 이 둘 중 어느 곳이 더 잘될까? 요즘은 대부분 다양한 메뉴를 섞어서 판다. 그만큼 섞고, 묶어서 파는 것이 얼마나 효과적인 판매 방법인지 다들 알기 때문이다.

햄버거와 콜라를 팔던 맥도날드가 커피를 팔기 시작했다. 맥도날드뿐이 아니다. 최근 한국의 커피 소비가 급증하면서 편의점마저 고급 커피를 품목에 올렸다. 한 가게에서 다른 종류의 제품을 추가하여 다양화하는 것, 이것 역시 짬뽕의 경제학이다. 이처럼 짬뽕의 경제학은 여러 가지를 한곳에 섞는 것이다.

짬뽕의 경제학은 사업에서만 통용되는 것이 아니다. 직장에서 일하는 근로자도 짬뽕의 경제학을 통해 성공을 거머쥘 수 있다. 자신이 어떤 프로젝트를 맡았다면 그 프로젝트의 성공을 위해 여러 가지를 섞어봐라.

짬뽕의 경제학, 즉 +를 잘 실천하려면 어떻게 해야 하는지 지금부터 알아보자.

첫째, 재료의 대상에 한계를 두지 마라. 짬뽕의 경제학에서 성공하려면 대상을 가리지 말아야 한다. 전혀 다른 성질의 것도 섞어봐야 한다. 최근에는 복합매장이 유행을 타면서 도서대여점과 슈

퍼마켓이 합쳐지고 문구점과 애완용품점이 한 가게로 합쳐진 것을
볼 수 있다. 전혀 다른 성질의 것을 섞은 것이다.

둘째, 섞은 것을 또 섞어라. 한 방송에서 반찬이 무려 100가지가
넘는 식당을 본 적이 있다. 반찬이 100가지라면 도대체 얼마나 많
은 것인지. 그 식당에 한 번쯤 가보고 싶지 않은가? 반찬이 많은
메뉴 중 하나인 한정식, 그런데 이 식당은 거기에 더 많은 반찬을
더하고 또 더한 것이다.

셋째, 고객이 원하면 거절하지 말고 섞어라. 고객이 원하는 것을
섞어주는 서비스는 최근 들어 그 열기를 더해가고 있다. 핸드폰 요
금제 DIY를 대표적인 예로 들 수 있다. 이제는 아파트, 컴퓨터 등
거의 대부분 고객이 원하는 것을 섞어 파는 시대가 되었다.

여담이지만 필자는 분식집에서 김밥이나 순대를 먹을 때 떡볶
이 국물을 부어 먹는 것을 좋아한다. 언젠가 당연히 부어 주리라
생각하고 한 분식점에 이야기를 했지만 거절당한 적이 있다. 그 후
로 다시는 그곳에 가지 않는다. 이 분식점이 아니더라도 얼마든지
요구를 들어줄 곳은 많기 때문이다.

넷째, 황금비율로 맞춰라. 섞고 또 섞다 보면 비율이 중요하다는
것을 알게 될 것이다. 이것저것 섞어 음식을 만들 때 재료의 비율
이 중요한 것과 같다. 최고의 효율을 나타낼 수 있도록 재료의 비

율을 조절해 섞어야 한다.

이처럼 다양한 것을 시너지를 낼 수 있게 섞는 것, 이것이 + 곧 합의 힘이다.

다음으로 -에 대해 알아보자. 앞서 말했듯이 -는 불필요한 것을 빼는 것이다. 이것은 아픔을 필요로 하는 것이다. 도마뱀이 살아남기 위해 꼬리를 잘라내듯이 인생을 살다 보면 이렇게 아픔을 뒤로 하고 잘라내야 하는 것들이 많다. 위험을 극복하며 성공에 다가서기 위해 이처럼 아픔을 뒤로 하고 비효율적인 면을 제거하는 것은 반드시 필요하다. 만약 그렇게 하지 않는다면 그것이 크게 곪아 자신의 목숨을 삼켜버리게 될 것이다. 그러므로 자신의 생명력을 위해 곪아가는 부분은 과감하게 잘라내는 것이 필요하다.

다른 예로 과일의 껍질을 들 수 있다. 바나나, 복숭아 등 다양한 과일에는 껍질이 있는데 그 껍질을 제거해야 생명력 가득한 속살을 맛볼 수 있다. 경제 부분으로 본다면 기업이 다른 부실기업을 인수했다면 그 기업의 부실부분을 정리하고 제거해나가는 작업을 거친 후에야 인수한 기업의 알찬 속살을 맛볼 수 있다. -는 이처럼 때로는 아픔이 있지만 그것을 견뎌내고 난 후에는 달콤하고 생명력 가득한 열매를 주는 힘이 있다.

2장

상상의 힘

1 상상의 힘은 무엇인가

상상의 힘은 무에서 유를 만들어내는 힘이다. 머릿속에서 생각을 통한 상상은 보이지 않는 것이지만 무한한 가능성과 부가가치를 담은 다양한 현실을 만들어 내는 힘이 되어 준다. 때문에 상상의 힘은 그 힘만으로 성공을 향해 나아갈 수 있도록 해 주며, 도중에 만나는 위험을 극복하는 힘도 제공해 준다. 이처럼 강한 힘을 제공하지만 상상은 많은 에너지를 필요로 하지 않는다. 상상의 힘은 적은 힘만으로 큰 위험을 극복하게 하는 아주 강력한 힘이다.

우리들은 항상 머릿속에서 상상을 한다. 지난 기억들을 떠올리기도 하고 미래의 모습을 그려보기도 한다. 그리고 상상을 통해 문제의 해답을 찾아내기도 한다. 상상은 어려운 것이 아니다. 단지 머릿속에서 열심히 무언가를 생각하기만 하면 된다. 모든 생각이 상상이 되는 것은 아니지만 생각에서 상상이 차지하는 비중이 매우 크기 때문에 단순히 생각을 열심히 하는 것만으로도 많은 상상을 하게 된다.

이런 상상의 힘에서 위험을 극복하게 하는 것은 위험 속에서 기회를 찾아내는 것이 아니라 위험 속에서 기회를 만들어내는 힘이다. 즉 상상의 힘은 자신의 뜻을 펼쳐나가고 만들어내는 힘이다. 상상을 통해 창작을 할 수 있기 때문이다. 위험 속에서 기회를 찾는 것과 함께 스스로 새로운 기회를 만들어낸다면 위험을 극복하는 힘은 더욱 배가될 것이다.

예를 들어 불황이라는 위험한 경제 속에서 기업은 값이 싸진 다른 기업을 인수할 좋은 기회를 찾을 수 있다. 하지만 기회를 만들어낸다는 것은 기업의 새로운 디자인, 제품개발, 시장개척 등으로 설명할 수 있다. 기회를 찾아내는 것과 기회를 만들어내는 것 두 가지를 함께 할 수 있다면 기업은 불황기에 매우 빛을 발하게 될 것이다.

상상은 꿈(비전)의 힘, 창작의 힘, 이야기의 힘(계획, 반성)으로 나눌 수 있다. 각 힘은 자신의 인생을 펼쳐나가는 데 있어 강력한 힘을 제공하는 것들이다. 꿈의 힘은 자신의 인생의 길에 목표를 제공해 주며, 창작의 힘은 그것을 현실화하는 과정이다. 그리고 이야기의 힘은 꿈을 향해 나아가는 인생길을 안내하는 역할을 한다. 즉 상상은 성공을 향해 나아가는 데 있어 처음, 중간, 끝 거의 모든 것을 제공하는 것이다.

이제 상상의 힘에 대해 자세히 알아보자. 위험을 극복할 수 있는 힘을 상상의 힘에서도 얻기를 바란다. 꿈의 힘, 창조의 힘, 이야기의 힘 3가지로 상상의 힘을 다루었다.

2 상상의 힘은 메모와 함께하라

옛날부터 전해 내려오는 말이 있다. 바로 '천재는 악필이다.'라는 것이다. 그것은 매우 유명하고 뛰어난 업적을 쌓았던 사람들의 필체가 대체적으로 형편없었기 때문일 것이다. 아인슈타인, 괴테, 베토벤도 악필이었다고 한다. 이 사람들 중에서는 편지의 내용을 이해하지 못해 편지를 받은 사람이 무슨 내용이냐며 되묻는 편지를 보내는 경우도 있었다고 한다. 무엇이 천재들로 하여금 악필이 되게 하였을까?

필자가 추론해보는 '천재는 악필이다.'의 근본적인 원인은 바로 아이디어의 메모가 아니었을까 싶다. 머릿속에서 생각나는 많은 아이디어들을 빠르게 작은 쪽지에 적다 보니 갈겨쓰는 경우가 많았을 것이다. 머릿속에서 떠오르는 아이디어를 잊어버리기 전에 메모장에 옮겨야 하고 남이 보는 것도 아닌 만큼 글씨체에 신경 쓰지 않았을 것이다. 그리고 많은 계획과 아이디어를 정리하는 과정이 많다 보니 글씨를 잘 쓰려고 노력하기보다는 빠르게 대충 쓰는 경우가 많았을 것이다.

이처럼 상상 그리고 생각을 많이 하는 사람일수록 메모는 필수다. 아무리 천재라고 해도 그 많은 것을 전부 기억하기는 어렵기 때문이다. 메모를 해두면 언제든지 꺼내 쓸 수 있다. 메모장을 들고 다니며 글씨는 신경 쓰지 말고 자신이 알아볼 수 있게 빠르게 갈겨쓰라.

메모하는 습관을 가지고 있을 경우 천재가 부럽지 않을 것이다. 사람이 상상하는 것은 천재가 되었든 보통 사람이든 그 가능성을 여는 것은 노력에 달렸다. 그런데 그 상상은 한 가지 만으로는 안 된다. 여러 가지 상상이 모여서 하나의 열매를 맺는다.

이 여러 가지 상상이 모이기까지 각각의 상상들이 잠시 머무르는 곳이 있는데 바로 그곳이 메모장이다. 가능한 한 모든 것을 메모하라. 언제 그것이 어떻게 자신에게 도움이 될지 모른다. 이 책도 수많은 메모장의 내용이 모여서 만들어지는 것이다. 모든 것은 메모장에 기록되었고 그 메모들이 정리된 후 책으로 만들어지고 있는 것이다. 메모하는 습관은 천재가 부럽지 않도록 자신을 도와줄 것이다.

3 상상의 첫 번째 힘
_꿈(비전)의 힘을 가져라

꿈을 가진 자와 꿈을 갖지 못한 자의 차이는 매우 크다. 인생의 원동력을 가진 자와 갖지 못한 자의 차이가 되기 때문이다. 꿈은 삶의 원동력이 되어 준다. 그러나 꿈을 갖지 못한 자의 인생은 매우 지루하고 의미가 없이 되풀이되는 것들뿐이다. 무엇인가 이루고자 하는 것 없이 생명력을 잃은 채 삶을 살게 되는 것이다. 그러므로 위험을 극복할 힘도 없다. 평생 위험에 삼켜진 채 고통을 당하게 된다.

꿈이란 자신이 이루고자 하는 목표와 사명이 될 수 있는데 그 꿈이 강하면 강할수록 위험을 극복하는 정도도 다르다. 즉 그 꿈이 얼마나 뜨거운가에 따라 성공의 높이가 달라진다. 꿈이 약한 사람은 컵 안에 놓인 물과 같다. 그 물이 밖으로 나오는 것은 컵이 깨지고 나서야 가능한 일이다. 하지만 꿈이 강한 사람은 불 위에 놓인 주전자와 같다. 주전자의 뚜껑을 날려버리는 힘이 있다. 위험을 극복하는 정도가 다른 것이다. 위험을 극복하여 성공을 하고 싶다면 매우 강한 꿈의 힘을 가져라. 매우 뜨거운 꿈을 가져라. 꿈에 뜨거운 생명력을 불어넣어라.

그런데 사람들이 꿈을 갖지 못하는 이유는 무엇일까? 또는 꿈을 가지더라도 생명력 있는 강한 꿈을 가지지 못하는 이유는 무엇일까? 문제는 학교와 부모님의 꿈에 대한 교육에 있다. 대부분의 학교에서는 꿈에 대한 교육을 하지 않는다. 학교에 왜 꿈에 대해 가르쳐주지 않았냐고 따진다면 그들은 분명 꿈을 가지라고 가르치지 않았냐고 반문할 것이다. 하지만 꿈을 가지라고 말을 해주는 것과 꿈을 찾도록 도와주고, 꿈을 위해 가져야 하는 마음가짐과 행동에 대해 가르쳐 주는 것은 분명 다르다.

꿈을 가지라는 말은 유치원에 다니기 전부터 듣는 말이다. 하지만 이것만으로는 아이들의 미래를 위해 도움이 되지 못한다. 꿈을 찾는 방법을 가르쳐 주고 꿈을 갖기까지 도와주어야 하며, 꿈을 위해 가져야 할 태도와 마음가짐을 가르쳐야 한다. 필자는 대학교에 가서야 나만의 꿈을 찾는 것과 꿈을 위한 마음가짐과 태도를 배웠다. 너무 늦었지만 그 이후 삶에 대한 확신을 가질 수 있었다.

최근 아이들은 자신의 꿈을 찾지 못하고 연예인과 같은 환상에 휘둘리며 자신의 미래를 잃어가는 모습을 보여주고 있다. 방황하는 아이들을 학교와 어른들이 바로잡아 주지 못하고 잘못된 길로 빠지는 것은 그들이 자신들에게 맞는 꿈을 찾도록 돕지 못한 어른들과 교사에게 책임이 있다. 그러므로 꿈을 찾는 방법을 가르쳐주고 도와주며 그에 필요한 마음가짐을 일찍부터 교육해야 한다. 만약 꿈을 찾도록 한다면 자신의 환경을 비관하는 아이들까지 자신들의 삶에 대한 태도가 바뀌게 될 것이다. 방황하던 아이들이 꿈을 가지고 자신의 꿈을 위해 집중하는 것을 보게 될 것이다.

자신 또한 자신만의 꿈을 갖기 위한 노력을 해야 한다. 일찍부터 꿈을 갖고 자신의 인생의 방향을 가지게 된 자는 그렇지 못한 자보다 더 빠르게 성공을 쟁취할 수 있다. 하지만 꿈을 찾는 것 또한 쉬운 것은 아니다. 자신에게 맞는 꿈은 뚜렷한 재능이 없는 이상 찾기가 어렵다. 이것이 사람들에게 자신에게는 꿈이 존재하지 않는다는 두려움 즉 위험이 되어버린다.

이것의 해결을 위해서는 꿈을 찾고 또 찾는 도전의 과정이 필요하다. 1부의 내용 중에서, 아버지가 아들에게 맞는 악기를 찾아주는 것처럼 자신만의 꿈을 갖기까지 많은 것을 해봐야 한다. 과정은 어렵지만 자신만의 꿈을 갖게 되는 순간 성공을 위한 힘(원동력)을 얻게 될 것이다.

4 상상의 두 번째 힘_창작의 힘

창작의 힘은 자신의 상상을 현실로 만들어나가는 것이다. 그리고 자신의 꿈을 현실로 만들어가는 과정이다. 필자의 꿈 중 하나는 바로 다른 사람에게 도움이 되고 필요한 사람이 되는 것이다. 많은 사람들의 인생의 성공을 돕고 싶은 꿈이 있다. 그 꿈을 이루기 위해서는 창작의 과정을 거쳐야 하는데 지금 쓰고 있는 이 책이 바로 그 역할을 해줄 것이다. 이전부터 다양한 글을 써왔지만 보다 더 많은 사람들에게 도움이 되고 싶은 욕심에 책이라는 창작품을 선택한 것이다.

이처럼 누구든지 성공을 향해 나아가려면 그 성공을 만들고 창작해가는 과정이 필요하다. 성공을 쟁취하기까지 많은 창작품들을 만들어 쌓아둬야 한다. 즉 상상을 통해 자신만의 새로운 창작품들을 만들어가야 한다는 것이다.

제목에서처럼 상상의 힘은 창작의 힘이기도 하다. 자신이 어떤 꿈과 일을 하고 있든지 상상을 통해 창작해나가는 것이다. 예를 들어 직장에서 일을 하고 있다면 창작의 힘을 통해 하라. 상상을 통해 자신의 할 일에 창작의 힘을 불어넣어라. 창작의 힘을 통해 일을 하는 사람은 그렇지 않은 사람보다 더 빠르게 성공의 길로 다가설 수 있다. 일의 성과가 다르게 나타나기 때문이다.

그렇다면 어떻게 창작해 나갈 것인가?

첫째, 반복을 통해 창작하라. 반복적인 것에서 창작을 하는 것은 반복적인 것에 의미가 있기 때문이다. 예를 들어보자. 축구에서 스트라이커가 골을 잘 넣기 위해서는 남들보다 더 많이 슛 연습을 해야 한다. 즉 반복적인 연습을 통해 골을 창작해야 하는 것이다. 일상생활에서 반복되는 것들이 지겹다고 생각하지 말고 그것으로부터 창작을 하는 노력이 필요한 것이다.

둘째, 새로운 것을 상상하라. 항상 주변에 없는 새로운 것을 찾고 필요한 것이 무엇인지를 보는 습관을 가져라. 새로운 것을 찾다 보면 항상 창작의 열쇠가 보이게 된다. 대표적으로 발명이 그것이다. 자신이 어떤 일을 하든 항상 새로운 것을 찾고 필요한 것을 찾는 습관을 가진다면 보다 더 강한 창작의 힘을 가지게 될 것이다.

셋째, 수백 개의 원을 그려내고 그것에서 하나의 완벽한 원을 만들어라. 도구를 사용하지 않고 맨손으로 완벽한 원을 그리기 위해서는 수많은 원을 그려내고 그 원들에서 가장 완벽한 원을 찾아내

는 것이다. 즉 한 개의 성공의 원은 수백 개의 원을 통해 뽑아낸다
는 것이다. 수백 개의 원에서 가장 완벽에 가까운 한 가지 원을 도
출하라. 즉 좋은 창작 아이디어 하나가 생각났다고 섣불리 실행에
옮기지 말고 수많은 창작 아이디어를 만들어내고 거기서 하나를
추출하는 과정을 거쳐라.

백지가 있다. 그리고 미술가가 완벽한 원 하나를 맨손으로 그려
내고자 한다. 미술가는 처음부터 완벽한 원을 그리려고 하지 않는
다. 백지에 원을 계속해서 만들어낸다. 그리고 수많은 원이 중첩되
었을 때 그중에서 가장 좋은 원을 뽑아낸다. 미술가는 세 가지로
완벽한 원을 만들어냈다.

1. 열심히 원을 그렸다.
2. 필요 없는 원이 많았다.
3. 원과 원을 연결시켜 가장 원에 가까운 형태를 뽑아냈다.
   (딱 한 개의 원을 별도로 뽑아내지 않고 중첩되어 있는 것에서 원을 뽑아
   낸 것이다.)

좋은 아이디어가 생각났다고 해서 섣불리 창작에 옮겼다가는 쓴
맛을 보기 쉽다. 그보다는 많은 아이디어를 생각해내고 그 아이디
어들을 서로 연결시키고 필요 없는 것은 버려서 가장 완벽한 형태

의 창작 아이디어를 뽑아내는 것이 좋다. 아이디어를 생각해낼 때는 필요 없는 것이라도 계속해서 생각해내야 한다. 어떤 것이 필요로 바뀌게 될지 알 수 없기 때문이다.

넷째, 상상이 어려우면 장난질을 하라. 보다 더 재미있고 쉽게 새로운 것을 찾고 아이디어를 만들어내는 방법은 없을까? 있다. 그렇다면 장난질을 하라. 장난은 상상의 훌륭한 스승이다.

많은 문학 작품과 미술 작품 그리고 여러 창작품에는 상상력이 동반된다. 훌륭한 창작품은 훌륭한 상상 속에서 나온다. 예술 작품만이 아니라 사업을 한다든지 아니면 직장에서 프로젝트를 추진할 때도 아이디어라는 상상력이 동반된다. 하지만 이 상상이라는 것이 너무 어려울 때가 많다. 머리를 쓰고 또 써도 어렵고 있는 것 없는 것 다 끄집어내어도 좋은 아이디어가 떠오르기가 매우 어렵다.

어릴 적 장난과 놀이를 생각해보자. 하얀 백지와 골목의 벽 그리고 화장실에 많은 낙서를 하였고 바닷가에서는 모래를 다양한 모양으로 다듬으면서 즐거워했다. 이처럼 마치 어릴 적 장난을 하듯 상상을 하며 창조를 해보자. 장난은 상상을 위한 훌륭한 한 가지 방법이다. 아이들은 장난이라는 훌륭한 상상의 과정을 통해 성장한다. 그래서 아이들은 어른들이 생각지 못한 기발하고 참신한 그리고 재미있는 상상을 이야기한다.

또 한 가지 예를 들어보자. 구글의 직원 근무 환경을 보면 장난과 놀이가 스며든 것을 볼 수 있다. 근무 환경이 직원들이 마음껏 휴식을 취하고 놀 수 있다. 직원들의 상상력을 끌어내기 위한 구글의 경영 방식이다. 직원들은 그런 자유분방함 속에서 훌륭한 아이디어들을 생각해낸다. 어떤 한 주제에 대해 무리하게 상상을 하려고 하면 재미가 없기 때문에 형식적이고 일반적인 것들이 머릿속에 꽉 차게 된다. 하지만 재미를 통한 상상은 기발하고 참신하며 생각지 못한 세계를 머릿속에 펼쳐준다.

이렇듯 상상이 어렵다면 장난을 쳐라. 상상 자체가 자신에게 맞지 않더라도 장난을 치면 상상이 보이게 된다. 직장의 프로젝트에 장난을 치고 자신의 창작물에 장난을 치자. 자신이 가지고 있는 컴퓨터, 휴대폰 등에도 장난을 치자. 디자인을 입히기 싫으면 장난을 입혀라. 마치 장난을 치듯 장난스러운 아이디어와 그림들을 백지에 그려나가자. 뜻하지 않은 좋은 결과물들을 얻게 될 것이다.

이처럼 상상을 통해 자신의 꿈을 창작해나가라. 생명력 있는 상상을 통해 창작품의 열쇠를 마련하라. 보다 더 빠르고 쉽게 성공을 향해 나아갈 수 있을 것이다.

5 상상의 세 번째 힘_이야기의 힘

우리는 동화, 소설을 통해 많은 이야기를 접한다. 그 이야기에는 다양한 인생의 이야기가 담겨있다. 자신과는 다른 삶을 사는 주인공들의 이야기를 통해 세상과 인생의 다양한 모습을 접할 수 있고 교훈도 얻을 수 있다. 이런 이야기에는 자체적으로 많은 힘을 내포하고 있다. 그런데 이야기는 소설과 동화 속에만 있는 것이 아니다. 우리의 인생 자체가 이야기로 이루어져 있다. 하루하루 삶이 모두 이야기가 되는 것이다. 그래서 우리는 그 이야기를 매일 일기에 적고는 한다.

우리의 인생 자체가 이야기로 되어 있기에 그 이야기를 어떻게 다루느냐에 따라 우리의 인생의 이야기도 달라진다. 마치 작가가 소설 속 캐릭터의 이야기의 방향을 정하듯 우리도 우리네 인생의 이야기의 방향을 정해나가야 한다. 즉 이야기처럼 자신의 인생의 방향을 결정해 나가는 것은 그때그때 순간으로 하는 게 아니다. 구체적으로 인생의 방향을 설정해 나가야 하는 것이다. 그러므로 상상의 힘에서 이야기의 힘이란 자신의 인생의 진로와 하고자 하는 일들을 구체적으로 설정해 나가는 것을 말한다. 그리고 이 힘을 가진 자와 갖지 못한 자의 차이 역시 위험을 극복하여 성공을 향해 나아가는 데 상당한 영향을 미친다.

앞서 말했듯 이야기의 힘은 인생의 방향을 설정하고 실행에 앞서 먼저 구체화하는 것이다. 이 힘이 위험을 극복하는 데 영향을 미치는 것은 인생을 구체적으로 계획하고 펼쳐나가는 자와 뚜렷한 방향성이 없고 구체적인 계획이 없어 펼쳐나가는 자와의 사이에는 분명 차이가 있기 때문이다. 그러므로 우리는 보다 더 빠르고 분명하게 성공으로 달려가기 위해서는 그 성공의 방향과 세부사항을 구체적으로 명시한 이야기의 힘이 있어야 한다.

더불어 과거의 이야기를 정리하고 그 과거의 이야기로부터 잘못된 점을 바로잡을 수 있도록 해야 한다. 즉 지나간 과거의 이야기의 힘도 가지고 있어야 한다. 그래야 자신의 잘못된 점들을 바로잡고 다시 올바르게 성공을 향해 나아갈 수 있다.

이러한 이야기의 힘을 가질 때는 상상력이 충분히 동원되어야 한다. 이야기의 힘은 상상을 통해 채워지는 것이다. 꿈의 힘과 창작의 힘을 이야기로 구체화하라. 그것이 이야기의 힘이 될 것이다. 단순하고 간단한 계획은 필요가 없다. 구체화된 이야기가 실린 계획이 위험을 극복하는 힘이 되어줄 수 있다.

그렇다면 어떻게 이야기의 힘을 가질 수 있는가?

첫째, 작은 이야기와 큰 이야기를 모두 함께 만들어나가라. 우리는 계획을 세울 때 목표와 같은 큰 계획만 세워두거나 하루의 일정과 같은 작은 계획만을 세울 때가 많다. 하지만 큰 계획과 작은 계획은 모두 필요한 것이며 각 계획에 들어갈 내용은 구체적인 이야기로 가득 차 있어야 한다.

큰 계획은 방향을 제시하는 꿈, 중간 목표와 같은 내용을 담되 각 사항에는 그 꿈과 목표를 이루어나갈 큰 이야기가 함께 있어야 한다. 예를 들어 의사가 꿈이라고 하자. '의사가 꿈'이라는 단순한 결심에서 벗어나야 한다. '아프리카에서 가난한 어린이들을 돌보며 의료 봉사를 적극적으로 하는 외과 의사' 또는 '선천적 또는 사고로 인해 외모가 손상된 사람들을 치료하여 아름다움을 되찾아 주는 성형외과 의사'와 같이 구체적인 이야기가 담겨 있어야 한다. 그래야 하위 목표에도 이야기의 힘이 실릴 수 있으며 그것을 통해 자신의 성공을 향한 길에 생명력을 불어넣을 수 있다.(상상과 생명의 힘은 서로 영향을 주는 것이다. 생명의 힘이 상상의 힘을 더해주고 상상의 힘 역시 생명의 힘을 더해준다.)

작은 계획은 짧은 시간들의 계획이라고 볼 수 있다. 하루, 이삼

일 또는 일주일 정도의 계획이라고 할 수 있다. 우리는 이 작은 계획을 세울 때 단순히 시간별로 해야 할 일을 늘어놓는 경우가 많다. 5~6시 사이에 국어 공부, 6~7시 수학 공부, 12~6시 잠, 이런 식으로 간단명료한 계획들이다.

이 계획들을 과연 얼마나 실천할 수 있을까? 계획을 아무리 세워도 실천은 거의 못하는 것이 일반 대부분 사람들의 한계다. 단순히 무엇을 하겠다는 명목상의 문장에서 별다른 실천 동기를 얻지 못하기 때문이다. 하지만 계획에 구체적인 이야기를 입히면 그 실천력에 대한 동기를 부여받을 수 있다. 예를 들어 하루의 계획을 마치 일기를 쓰듯(하고자 하는 일을 상상하며) 이야기를 입히면 보다 더 호소력이 있는 계획이 될 수 있다.

둘째, 일지의 이야기를 써라. 일지는 일기와는 조금 다르다. 일기는 하루의 생활을 기록하는 것이라면 일지는 한 큰 틀의 목표에 대해 이루어나가는 과정을 별도로 기록하는 것이라고 보면 된다. 이 일지는 매우 큰 효과를 발휘한다. 일지를 쓰는 자와 일지를 쓰지 않는 자의 차이가 매우 큰 것이다.

사업을 하면서 사업 일지를 꾸준히 쓰는 사람이 있고 투자를 하면서 투자 일지를 쓰는 사람도 있다. 그리고 직장에서 일을 하면서 근무 일지를 쓰는 사람도 있다. 일지에서 얻는 것은 과거로부터 자신의 잘못된 점을 찾아 고쳐볼 수 있는 기회가 제공된다는 것과 그 일지 자체가 정보와 아이디어의 창고 역할을 한다는 것이다. 때문에 꾸준히 일지를 쓴다면 분명 그 일지를 통해 일을 추진하는 데 있어 많은 도움을 얻을 수 있을 것이다.

셋째, 팀, 단체에 이야기의 힘을 불어넣어라. 이것은 리더의 관점에서 이야기하는 것이다. 팀과 한 단체를 이끄는 리더가 자신이 이끄는 팀과 단체를 이야기의 힘을 통해 이끄는 방법이다. 하지만 꼭 리더는 아니더라도 팀원의 노력으로도 얼마든지 이야기의 힘은 제공될 수 있다.

리더는 자신이 리드하는 조직원들로 하여금 최대한의 능력을 발휘하게 해야 한다. 그래야 좋은 결과와 성과를 낼 수 있다. 조직원들 각자가 갖고 있는 개인적인 문제점과 부족한 능력 등도 모두 살펴보고 채워주며 조직원이 일을 하는 과정이 원활하게 해야 한다. 리더가 이렇게 원활하게 조직원들을 리드하기 위한 좋은 방법이 한 가지 있다. 바로 조직원에게 이야기를 제공하는 것이다.

조직원들의 부족한 능력과 개인적인 문제점들을 해결하는 데 왜 이야기가 필요한지 의문이 들 것이다. 하지만 조금만 더 생각해 보면 리더가 조직원에게 주는 이야기의 힘을 알 수 있다. 단순한 상품도 이야기를 입히면 가치가 끌어올려진다. 물론 조직원에게 이야기를 입히자는 게 아니다. 조직원이 프로젝트에서 맡은 일과 그 과정에 리더가 좋은 이야기를 제공해 주는 것이다. 예를 들면 프로젝트의 목표와 계획도 이야기가 될 수 있다. 그런데 단순하고 딱딱한 목표와 계획에 보다 자세하고, 인간적이고, 부드러운 이야기를 입히는 것이다.

리더가 조직원들에게 제공해야 될 이야기의 종류를 살펴보자.

1. 상세한 계획을 제시해야 한다. 계획의 이야기는 상세하고 빈틈이 없을수록 좋다. 조직원들이 자신의 할 일을 분명히 알게 되기 때문에 시간에 쫓기지 않게 된다. 단순하고 포괄적이고 애매한 계획은 프로젝트의 완성을 지연시킨다.

2. 소통의 이야기를 입혀야 한다.(토론, 의견교환 등) 조직원들의 의견과 능력을 존중해줘야 한다. 서로 간에 정보가 충분히 교환될 수 있는 부드럽고 유동적인 조직으로 리드해야 한다. 리더가 직접 나서서 소통이 되지 않는 작은 부분까지도 원활하게 뚫어줘야 한다.

3. 조직원들의 실수도 성공하기까지의 이야기의 한 부분으로 인정해줘야 한다. 조직원들이 프로젝트 과정에서 벌인 실수와 실패, 잘못된 부분들이 충분히 있을 수 있다는 분위기를 조성해줘야 한다. 그래야 조직원들이 마음 놓고 자신의 능력을 모두 발휘할 수 있다. 여기에 리더는 조직원들의 실수와 잘못된 점들을 보완해주고 바로잡는 이야기를 제공해야 한다.

4. 조직원들의 부족한 부분을 채워줄 수 있는 이야기를 제공해야 한다. 조직원들이 완벽할 수 없다. 프로젝트를 진행하는 데 있어 조직원들은 여러

가지에서 부족한 부분을 드러낼 것이다. 리더는 조직원들의 부족한 부분을 채워줄 수 있는 이야기와 조직원들이 서로 소통하며 부족한 부분을 보완해줄 수 있는 이야기를 제공해줘야 한다.

5. 조직원의 사정, 조직원의 개성을 프로젝트에 충분히 반영해야 한다. 프로젝트를 진행하다 보면 조직원들이 개인적인 사정에 부딪쳐 중도에 빠져나가거나 제대로 된 능력을 발휘하지 못하는 경우가 있다.

리더는 조직원의 사정을 프로젝트의 한 부분으로 인정하고 조직원을 충분히 배려해 줘야 한다. 그리고 조직원 각자의 개성도 존중해야 한다. 즉 조직원 개인의 이야기를(개인적인 콤플렉스, 단점 등) 프로젝트의 이야기로 포함시켜 배려하는 분위기를 조성해 주는 것이다.

리더가 조직에 이야기를 도입했을 때 조직이 추진하는 프로젝트의 성과는 더욱 높아질 것이다. 리더가 프로젝트를 진행함에 있어 조직원 각자에 맞는 이야기를 작성하고 제공하면 조직원들이 자신의 능력을 더욱 크게 발휘할 수 있을 것이기 때문이다. 리더는 끊임없이 조직원 각자에게 필요한 이야기를 찾고 그것을 제공해줘야 한다.

이야기의 힘은 이처럼 자신이 세운 계획에 대한 실천력에 생명력을 넣어주며 일을 추진하는데 있어 많은 정보와 아이디어의 창고 역할을 한다. 그리고 팀과 단체에도 생명력을 불어넣어 준다. 이야기의 힘으로 보다 더 분명하고 빠르게 성공에 다가서도록 하자.

6 또 하나의 상상의 힘
_미래를 예측하는 힘

미래에 관한 것은 누구나 관심 있어 하는 것이다. 미래의 모습이 어떻게 다가올 것인가 하는 것은 많은 기관과 기업에서도 매우 중요하게 다루는 것이다. 하지만 미래를 예언하거나 예상하는 것은 몇몇 전문가들의 전유물처럼 여겨져 일반 사람들은 미래를 예측하는 것을 주저한다. 일반 사람들은 미래의 모습을 스스로 예상하지 않고 전문가들에게 의지하고 있는 것이다.

얼마 전 빌게이츠가 한국의 디지털 포럼에서 자신이 예상하는 미래를 설명하였다. IT 분야의 선두 주자인 빌게이츠의 말에 많은 사람들이 귀를 기울였다. 빌게이츠의 말은 많은 사람들로 하여금 고개를 끄덕이게 만들 정도로 대단한 내용을 담고 있었다. 하지만 필자는 빌게이츠가 예상한 미래는 누구나 예측할 수 있는 미래였다고 말하고 싶다. 지금부터 그 이유를 설명하겠다.

'미래는 어떻게 예측 가능한가?' 하는 질문에 대답은 여러 가지가 있다.

첫째, 이론과 상상은 곧 현실화될 미래다. '사람이 달에 갈 수 있다'는 것이 이론뿐이거나 희망 사항에 불과한 적이 있었다. 단지 상상에 지나지 않았던 것이다. 그것은 얼마 지나지 않아 현실이 되었다. '빠르게 달리는 자동차 안에서도 인터넷을 할 수 있다'는 것도 이론뿐이었으나 곧 현실이 되어 버렸다. 모든 이론과 상상이 모두 현실이 되는 것은 아니지만 결국 언젠가 현실이 될 가능성을 내포하고 있기에 이것으로 미래를 예측할 수 있는 것이다. 그러므로 미래의 모습을 상상하고 이야기를 작성하라. 가까운 것은 가까운 것대로 현실감 있게 먼 미래는 미래의 모습대로 현실감 있게 작성하면 그 자체가 미래를 예측하는 방법이 된다.

둘째, 이미 벌어지고 있는 소규모 사건에 관심을 가지면 된다. 빌 게이츠가 예측했던 태블릿의 일반화는 이미 필자가 예측하고 있던 부분이었다. 필자는 몇몇 학교에서 태블릿 노트북으로 학습하는 것을 보았다. 그리고 태블릿 노트북이 앞으로 대부분의 학생이 가지고 다니며 사용할 것으로 예상하였다. 이처럼 이미 벌어지고 있거나 일부가 사용하는 앞선 아이템은 가까운 미래의 사회적 모습을 상상하고 예측해 볼 수 있는 유용한 도구다

셋째. 신문을 꾸준히 읽는다면 미래를 예상할 수 있다. 신문을 읽는 것은 일반 사람이 미래를 예측하는 데 가장 도움이 되는 도

구다. 첫째, 둘째 모두 한 가지로 압축되는 것이 있다. 바로 '알아야 미래를 예측한다'는 것이다 그런데 신문을 읽는 것은 이 중요한 부분(지식들)을 모두 제공해준다. 현재와 과거는 물론 여러 전문가가 예상한 미래의 내용을 신문이 알려준다. 독자는 신문을 통해 사회의 많은 모습을 알게 되고 그것으로 미래를 예상할 수 있다. 그리고 신문에서 여러 전문가가 제시한 미래의 모습을 모아 미래의 커다란 밑그림을 그릴 수 있다.(보다 더 전문적이고 자세한 분야에 대해 예측을 하고 싶다면 신문이 아닌 매체를 통해 지식을 터득해야 할 것이다.)

위의 세 가지만 충실하다면 미래는 노력만 하면 누구나 예상할 수 있는 것이다. 미래를 직접 예상하고 그 미래에 능동적으로 대비하는 것은 자신의 인생의 성공을 위해 매우 중요한 부분이다. 미래를 예상하는 자와 그렇지 않은 자의 차이는 시간이 갈수록 매우 크게 다가올 것이다. 직접 어떤 형식으로든 상상을 통해 미래에 대한 이야기를 작성해보길 바란다. 당장 자신에게 도움이 될 수 있는 자신의 환경에 대한 미래의 이야기를 작성해보는 것이 좋다.

3장

진실의 힘

1 진실의 힘은 무엇인가

　진실은 잘못됨과 그릇됨 없이 올바른 것을 말한다. 진실의 힘을 갖는다는 것은 자신에게 잘못됨과 그릇됨을 배제하고 올바른 것들을 바탕으로 하여 삶을 살아간다는 것이다. 얼핏 생명력을 갖는 것과 비슷해 보이지만 더 자세히 들어가면 그 개념이 매우 다르다는 것을 알게 된다. 생명의 힘은 자신의 생활과 행동에 좋은 힘을 불어넣는 것이지만 진실의 힘은 자신의 마음의 기반과 기초를 튼튼히 하는 것이다.

　예를 들어 대형 빌딩이 있다고 하자. 그 빌딩은 어디에 기반을 두고 건설되는가 하는 것은 매우 중요하다. 그 빌딩을 아름답고 튼튼하게 짓는 것은 그 빌딩에 생명력을 불어넣어 주는 것이다. 하지만 어디에 기반을 두는가 하는 것은 바로 진실의 힘에 해당한다. 즉 모래 위에 빌딩을 지을 것인가 또는 단단한 암석 위에 빌딩을 지을 것인가? 똑같이 생명력을 가지고 있어도 어디에 기반을 두고 빌딩이 지어지는가에 따라 그 빌딩은 쓰러질 수도 있고 오랫동안 많은 사람들에게 도움이 되고 쓰이는 빌딩이 될 수 있을 것이다.

그러므로 자신의 기반과 기초부터 튼튼히 다져라. 즉 생명의 힘과 상상의 힘을 갖기 전에 우선 기초를 튼튼히 하는 진실의 힘부터 가져라. 진실의 힘을 갖기 위해 노력하고 진실의 힘을 찾기 위해 노력하라. 자신의 가장 기본적인 바탕이 되어주는 마음의 기반과 기초를 올바른 진실에 두어라.

많은 사람들이 잘못된 기반을 가지고 살아가는 것을 보게 된다. 술이 자신의 기반이 되어버리는 사람들, 범죄가 자신의 기반이 되어버리는 사람들, 자신이 해야 할 일과 자신의 정체성을 잃어버린 채 남들을 따라 쾌락을 좇는 사람들(다른 사람의 행동이 자신의 기반이 되어버린다.) 등 자신의 기반이 잘못되어 있는 사람들이 너무 많다. 올바른 진실을 보는 눈이 멀어있는 사람들이다.

주변의 많은 사람들이 자신을 돋보이게 하기 위해 명품으로 치장한 경우를 많이 보아왔다. 이들은 빚을 내면서까지 명품을 구입했는데, 자신의 진실(부족한 경제 상황이 될 수 있지만 실제로는 어떤 경제 상황에 있든 과소비는 진실이 아니다. 진실한 기반에 있다고 볼 수 없다.)을 감추고 잘못된 기반에 사로잡힌 채 스스로 불행의 늪으로 빠져들고 있었다. 그들은 그 명품이 자신의 전부가 되어버린다. 절대 부를 축적하는 데 성공할 수 없는 사람들이다.

자신의 기반이 잘못된 곳에 있는 것은 물고기가 물에 있지 않고 뭍에 있는 것과 같다. 뭍에서 물고기가 잠시 살아 움직이지만 이내 곧 목숨을 잃는 것처럼 잘못된 기반을 가지고 있다면 목숨을 잃는 것과 같다. 그러므로 위험을 극복할 수 없는 것은 물론 어떤 성공도 이룰 수 없게 된다.

스타의 경우를 보면 이 기반과 기초를 어디에 두는가에 따라 인생의 모습이 어떻게 달라지는지 쉽게 볼 수 있다. 얼마 전 미국의 한 인기 팝 여가수가 몰락했다. 그녀는 마약, 뺑소니 사고로 짧은 시간에 패가망신한 스타가 되어버렸다. 그녀가 뺑소니와 마약을 했다는 것은 잘못된 유혹을 이길 수 있는 기초가 없었다는 것을 말한다. 어설픈 행동으로 언론에 여러 번 구설수에 오른 것은 그녀가 자기 자신을 관리하는 기초조차 없었다는 것을 말한다. 이처럼 인기를 많이 얻는 스타라고 할지라도 기반이 잘못 잡혀 있는 스타는 패가망신하지만 기반이 잘 잡혀있던 스타는 마지막까지 대스타로 사람들이 기억하게 된다.

위의 여러 예처럼 진실의 힘을 갖지 않는다면 위험을 극복하지 못하는 것은 물론 자신의 모든 것을 잃는 것과 같다. 그리고 올바른 진실에 기반을 두지 않은 인생은 진실의 힘을 갖기 전까지는 위험을 극복하는 힘이 없는 것이다. 그러므로 위험을 극복하고 성공에 다가서기 위해서 가장 우선되어야 하는 것이 단단하고 튼튼한 기반이 되어 주는 진실의 힘이다.

그렇다면 무엇이 성공을 위해 튼튼한 기반이 되어 주는 진실의 힘인가? 그것은 크게 두 가지가 있다. 바로 신앙과 가족이다. 신앙과 가족을 통해 자신에게 바른 진실의 기반을 마련해둘 수 있다.

신앙과 가족은 자신의 기반을 단단하고 튼튼하게 만들어 준다. 그리고 바른 진실의 힘의 원천은 바로 신앙과 가족으로부터 나온다. 신앙과 가족으로부터 나온 진실의 힘은 자신의 기반을 굳게 다져주고 자신으로 하여금 절대 쓰러지지 않도록 붙잡아 준다.

이처럼 자신의 기반을 튼튼하게 해주는 두 가지 진실의 힘에 대해 지금부터 알아보자. 지금까지 위험을 극복하고 그것으로 인해 성공에 다가설 수 있는 방법을 이야기했지만 가장 중요한 것은 지금부터 설명하는 진실의 힘 즉 신앙과 가족이다. 생명력의 힘과 상상의 힘도 신앙과 가족에게서 진실을 잃어버린다면 존재하지 않는 것이다. 지금부터 이 두 가지 힘의 설명에 집중하기 바란다.(그 외에 다양한 진실의 힘에 대해서도 알아보자.)

2 신앙의 힘

■ 신앙의 힘이란 무엇인가

생명의 힘, 상상의 힘 그리고 가족의 힘보다도 더 중요한 것 즉 위험을 극복하는 힘 중 가장 강력하고 모든 힘을 포함하고 있는 것이 바로 신앙의 힘이다.(신앙의 힘 다음으로 중요한 것은 가족의 힘이다.) 이 신앙에서 힘을 주시는 분은 하나님이시다. 하나님은 살아계시며 지금도 만물을 움직이시며 역사하고 계신다. 하나님을 섬기고 믿는 자는 위험을 극복하는 가장 강력한 힘을 가지고 있는 것이다. 하나님은 생명의 힘을 주시고 상상의 힘을 주시며 그리고 진실의 힘으로 그 기반을 다져주신다.

필자는 신앙의 힘에 대해 아는 것이 별로 없다. 신앙의 힘을 논할 지식이 내게는 없다. 하지만 신앙의 힘이 위험을 극복하는 가장 강력한 힘이라는 것은 알고 있다. 하나님이 개인에게 어떻게 위험을 극복하게 하시는지 경험을 했고 그 위험을 극복하는 과정에서

나 자신이 단련되고 강해지는 것을 경험했다. 하나님의 인도하심 가운데 위험을 극복하는 것이 그분의 인도하심 없이 위험을 극복하는 것보다 훨씬 강력한 힘이 얻어지는 것을 알게 되었다.

그러나 세상 사람들은 신이 존재하지 않는다고 말한다. 그러면서 세상은 오랜 시간 속에 자연적으로 탄생했다고 말하고 있다. 이 말에 얼마나 큰 오류가 있는 줄 아는가? 아무것도 없는 것에서 이토록 크고 아름다운 우주가 탄생되었다는 것, 지구가 우연히 태양과의 거리가 알맞게 되었고 그 좋은 상황으로 인해 지구의 아름다운 자연이 이루어졌다는 것, 지구에서는 인간처럼 복잡하고 가능성을 가진 존재가 여러 우연과 아주 작은 생물이 스스로의 진화를 거듭하여 저절로 만들어졌다는 것이 과연 믿을 수 있는 것인가?

한 멘토는 이 이론의 어리석음을 한 가지 예를 통해 알려주었다. "바닷가의 해변에서 우연에 의해 모래에서 시곗줄이 만들어졌고 우연에 의해 모래에서 시곗바늘이 만들어졌으며 우연에 의해 모래에서 시계를 구성하는 톱니바퀴가 만들어지고 모여졌다. 그 구성물들이 스스로 진화하고 서로 영향을 주어 완벽한 하나의 시계가 되었다." 과연 믿을 수 있는가? 하물며 비교할 수 없을 정도로 정교하고 완벽한 그리고 자신의 존재를 생각할 줄 아는 인간이 저절로 만들어졌다는 것이 믿을 수 있는 것인가?

세상의 자연의 모습을 보면 그 광경이 매우 아름답다는 것을 느끼는 때가 많다. 하늘만 봐도 그 하늘의 광경이 얼마나 멋지고 아름다운가? 변화가 넘치고 생명력이 넘치는 하늘의 다양한 모습을 우리는 매일 보고 있지 않은가? 우주의 모습은 또 어떤가?

우리는 예술 작품을 창작을 한다. 우리가 아름다운 창작품을 만들어내면 그 창작품의 아름다움을 보게 된다. 예술 작품의 아름다움은 저절로 생기는 것이 아니라 사람과 같은 존재가 직접 만들어내야 생겨나는 것이다. 예술 작품은 그 작품을 만든 사람으로 하여금 보람을 느끼게 하고 그 작품을 만든 사람의 능력을 나타내어 준다.

그렇다면 세상과 우주의 아름다움은 어떻게 되는 것인가? 그 아름다움은 누구도 따라할 수 없을 정도로 생명력이 넘친다. 오직 하나님께서 직접 만드신 것으로 사람은 감히 따라할 수 없는 하나님의 창조물로서의 아름다움을 나타내고 보여주는 것이다. 즉 하나님께서 세상을 창조하신 것이다. 그래서 세상과 우주는 아름답고 생명력이 넘치며 그것을 통해 하나님의 능력과 영광을 보이고 있는 것이다.

그런데 당신은 머나먼 과거도 제대로 알지 못하며 겨우 달을 정복했다고 큰소리를 치고, 이론이 아직도 제대로 정립되지 않아 명

왕성을 태양계에서 넣었다 뺐다 하는 사람들의 말을 믿을 것인가?

하나님께서는 그분을 믿고 따르는 자에게 체험을 주신다. 체험을 통해 하나님이 살아계심을 느끼게 된다. 그리고 그분의 말씀이 기록된 성경은 그 어느 것보다 완벽한 능력의 권위가 실려 있다. 성경을 읽고 또 읽다 보면 그 말씀의 진실과 말씀의 깊이에서 매우 놀라움을 느끼게 된다.

이처럼 하나님은 살아계시며 역사하신다. 세상과 우주를 만드신 그리고 사람을 만드신 하나님께 기반을 두는 것이 바로 신앙의 힘이 되는 것이다.

■ 왜 신앙의 힘에 기반을 두어야 하는가

신앙에 진실의 힘이 있다. 세상의 거짓된 모습으로부터 벗어나 진실의 힘을 입어라. 신앙의 힘을 가지게 되는 것은 좁은 길을 가는 것이다. 세상의 수많은 사람들이 세상의 잘못된 모습에 빠져 있을 때 스스로 진실의 길을 걷는, 적은 사람들이 다니는 좁은 길이다.

항상 인생의 성공은 일부의 사람만이 쟁취한다. 그리고 대부분의 사람들이 아무것도 이루지 못한 채 되는대로 살아간다. 이처럼 항상 성공을 위한 옳은 것과 진실 됨은 좁은 길에 있었다. 그 좁은 길에서 더욱 좁은 길은 바로 신앙의 힘을 가지는 것이다.

세상은 하나님께서 만드셨다고 했다. 그리고 하나님께서는 사람을 만드셨다. 그러므로 여러분과 나는 하나님께서 만드신 것이다. 나를 만드신 하나님을 믿고 따른다는 것은 그분께 의지하고 순종하며 살아간다는 것이다. 그로 인해 나의 모든 것을 아시는 하나님이 나의 잘못됨을 고쳐주시고 치료하시면서 단련되어지면 더욱 강해질 수 있는 것이다. 나를 만드신 이가 나의 모든 것을 아시며 그러므로 나의 잘못됨을 나를 만드신 이가 고쳐주신다면 그보다 더 좋은 일이 있을까? 또한 그보다 더 힘이 되는 일이 있을까? 그러므로 자신의 기반과 기초를 하나님께 맡겨라. 그 기반이 매우 단단함으로 자신에게 강한 힘이 되어줄 것이다.

하나님께 자신의 기반을 맡겨야 하는 또 한 가지 이유는 바로 그분이 사람을 만드신 데에는 계획이 있으시기 때문이다. 모든 한 사람 한 사람에게는 하나님께서 계획하신 것이 있다. 어느 누구도 그냥 태어난 게 아니다. 각 사람마다 그분이 계획하신 인생의 길이 있다. 그러므로 하나님께 기반을 두고 인생의 삶을 세워나가는 것은 그분이 세우신 그 훌륭한 계획을 이루어나가는 것을 말한다. 세상과 온 우주의 아름다움을 창조하신 분께서 자신의 인생에서 그에 못지않은 훌륭한 계획이 있으심을 기억하자. 하나님이 자신을 통해 하실 일을 기대하자. 진정한 행복과 성공이 당신 앞에서 이루어져 나갈 것이다.

마지막으로 하나님께 기반을 맡기는 인생은 평안이 있다. 평안 가운데 인생의 삶을 개척해 나갈 수 있다. 나를 만드신 분이 나의 힘이 되어주시는데 두려워할 것이 무엇인가? 또한 마음이 선하신 하나님을 닮아감으로 평안 가운데 있게 된다. 그릇됨으로부터 벗어나게 되며 스스로 잘못을 저질러 위험을 부르는 일은 줄어들게 된다. 위험이 있어도 하나님 가운데 있음으로 평안하고 그 평안 가운데 위험을 극복하게 되는 것이다.

■ 신앙의 힘이 위험을 극복하게 하는 과정

성공을 위한 옳음과 진실이 있는 길은 항상 좁은 길이라고 했다. 지금까지 설명한 그 길은 항상 위험이 도사리고 있으며 그 길에서 만나는 위험을 극복해나가야만 성공을 할 수 있다고 했다.

그러나 신앙의 길은 좁고도 더 좁은 길이다. 그러므로 신앙의 좁은 길은 세상에서 걷는 좁은 길보다 결코 쉽지 않다. 하지만 세상의 위험이 때로는 극복할 수 없거나 극복하기 매우 힘든 것이 있는 반면 신앙의 좁은 길에서 만나는 위험은 모두 극복할 수 있는 것이다.

하나님께서는 자신을 믿는 사람을 자신의 영광을 위한 도구로 사용하시기 위해 자신의 길을 따르는 자들에게 위험을 주시는데 그 위험은 때에 따라 충분히 극복할 수 있는 것을 주시며 그 위험을 통한 단련됨과 강함은 세상의 위험을 극복함으로써 얻는 것보다 훨씬 강하게 힘이 되어 준다. 당신에게 필요한 부분을 단련시키기 위해 당신에게 맞는 위험을 가져다주시기 때문이다. 즉 당신이 세상에서 스스로 위험을 극복하고 일어서는 것보다 하나님이 제공하시는 그 좁은 길에서 자신의 잘못됨이 고쳐지고 고쳐짐으로써 단련되고 또 단련되어 지는 것이 훨씬 성공을 위해 강한 힘이 되어준다는 것이다.

'위험은 극복하라고 있는 것이다. 그리고 위험을 극복함으로써 얻어지는 것은 자기 자신의 단련과 성공을 위한 강한 힘이다' 이것의 진리를 깨닫게 해주신 것은 바로 하나님이시다. 그분이 위험을 통해 필자를 단련시키고 강하게 만드시는 것을 경험하였기 때문이다. 그리고 주변의 많은 사람들이 하나님께서 인도하시는 길 안에서 매우 강해지는 것을 보아왔다. 그 강함은 세상에 기반을 두고 살아가는 사람보다 훨씬 큰 것이었다.

하나님은 위험을 통해 자신을 따르는 사람을 훈련시키신다. 그러나 위험을 극복할 수 있는 힘과 지혜도 함께 주신다. 그래서 위험을 이기도록 인도하시고 강하게 단련되도록 하신다. 하나님이 주시는 힘과 지혜로 위험을 극복하게 되니 그것으로 인해 자신이 단련되는 것은 세상의 위험을 스스로 극복하는 것보다 더 강함을 가져다주는 것이다.

필자는 위험이 있을 때마다 하나님께서 지혜를 통해 위험을 극복할 수 있는 방법을 가르쳐주시는 것을 느꼈다. 그분은 때로는 필자가 포기하려 할 때마다 이미 위험을 극복하는 방법을 주셨는데 왜 노력하지 않느냐고 채찍질하시기도 했다. 이처럼 하나님은 위험을 주시기도 하시지만 그 위험을 극복하는 방법을 가르쳐 주시기도 하신다.

하나님께서는 이처럼 섬기러 온 자를 계획하신 대로 이끌고 그를 쓰임 받는 자로 삼기 위해 위험 가운데 훈련을 시키며 그 위험을 극복하는 방법도 가르쳐주신다. 그리고 쓰임 받을 만한 그릇이 되면 그때부터 그를 세워 쓰시게 된다. 이것이 신앙의 힘에서 위험을 극복하고 성공으로 나아가는 과정이 된다.

■ 신앙의 힘에 기반을 두기 위해서는 어떻게 해야 하는가

신앙의 힘에 기반을 두기 위해서는 가장 먼저 하나님께 나와야 한다. 하나님께 나아와 그분을 섬겨야 한다. 인생의 중심이 하나님께 있어야 하는 것이다. 하나님께 속한 사람이 되어야 한다. 그래서 그분의 인도하심 아래 그분의 뜻대로 살아가야 한다. 그래야 신앙의 힘에 기반을 두는 것이며 위험을 극복하는 가장 강력한 힘과 자신에게 맞는 꿈의 성공을 이루어 나갈 수 있는 것이다. 즉 하나님께 맡기는 인생을 살아야 한다.

다음으로 최선을 다하는 삶을 살아야 한다. 하나님께서는 최선을 다하는 삶 속에서 도와주시고 뜻을 이루어 가신다. 우리는 보통 신께 구하면 신이 그 뜻을 알아서 이루어주는 것으로 생각한다. 무인도에 갇혔다고 해서 알아서 구해줄 것으로 생각하지 마라. 열심히 손을 흔들고 자신이 있음을 사방에 알리는 노력을 해라. 그 가운데 하나님께서 구해주실 배를 보내주실 것이다. 하나님께서는 게으른 자를 쓰시지 않고 게으른 자에게서 뜻을 펼쳐나가시지 않는다. 하나님은 항상 최선을 다해 사는 자를 쓰시며 최선을 다해 사는 자를 도우신다. 그러므로 항상 삶 속에서 최선을 다하는 삶을 살아야 한다.

다음으로 하나님께 구하는 삶을 살아야 한다. 하나님께서는 자신이 원하는 것을 구하라고 하셨다. 가만히 앉아 하나님께서 알아서 모든 것을 이루어줄 것으로 생각하지 말고 자신이 원하는 것을 하나님께 구하는 삶을 살아야 한다. 그 구하는 삶 속에서 하나님은 응답하시고 이끌어 주신다. 하나님께 나아와 자신의 위험을 아뢰고 그 위험을 극복할 방법을 구하라. 그러면 하나님께서 그 방법을 가르쳐 주실 것이다.

■ 하나님께 맡기는 인생이 곧 신앙의 힘에서 말하는 기반과 기초다.

신앙의 힘은 이처럼 자신을 만드신 하나님께 자신을 맡기는 인생을 살아가는 것을 말한다. 사람의 기반을 하나님께 맡기는 인생을 살아라. 하나님은 변하시지 않으신다. 우리가 그분에게서 떠나지 않는 한 그분은 떠나시지 않으신다. 오히려 붙들어 주시는 하나님이시다.

그분은 항상 인도하시고 우리를 도와주시는 하나님이시다. 그분은 살아계시며 진실하시고 세상과 우주, 사람을 만드신 전지전능하신 하나님이시다. 하나님은 전지전능하시기에 능력에 한이 없으신 그분의 인도하심을 받는 것은 위험을 극복하는 가장 강력한 것이 되며 나를 만드신 분이기에 그분 가운데 인생이 이루어져 가는 것은 우리에게 계획되었던 능력과 재능을 살려 진정한 성공으로 가는 길이다.

그렇다면 어디에 기반을 두겠는가? 잘못됨과 거짓으로 가득한 사람들이 구축한 세상의 지식들에 기반을 두겠는가, 아니면 당신을 만드시고 당신의 잘못된 점을 잘 아셔서 그것을 고쳐주시고 다듬어주시는 하나님께 맡기는 인생을 살겠는가.

세상에는 너무나도 많은 종류의 신이 있고 신이 없는 곳이 없으며 무신론자라고 해도 대부분의 사람들은 수시로 신을 찾는다. 즉 사람은 신을 찾도록 설계되고 만들어진 것이다. 하지만 진정한 신은 세상과 우주를 창조하시고 사람으로 하여금 신을 찾도록 만드신 하나님 한 분뿐이시다.

하나님께서는 당신이 하나님을 찾고 알기까지 기다리고 계신다. 당신이 하나님께 맡기는 인생을 사는 순간 그분은 그동안 가지고 계시던 계획을 이루어나갈 것이다. 그 가운데에는 당신을 단련시킬 위험이 계획되어 있을 것이다. 하지만 하나님은 그 위험을 극복하도록 도와주시고 이끌어주실 것이며 그 위험을 통해 매우 강한 힘을 가지도록 하실 것이다.

사람은 엄청난 가능성을 지닌 존재이면서도 매우 연약한 존재이기도 하다. 그래서 자신 스스로는 세상의 위험을 극복하기에 무력하며 설령 극복한다고 해도 그 위험을 극복하는 것에서 의미를 찾지 못하는 경우가 많다. 한 사람의 존재로서는 세상에서 이루어나가는 것이 아무것도 아닌 경우가 많다. 오직 하나님께 맡기고 그분께서 다져주시는 그 기반을 바탕으로 살아감으로써 인생을 이루어나가는 사람이 진정한 자신의 인생을 살게 될 것이다. 하나님을 알고 하나님께 맡기며 하나님이 당신을 통해 이루어나가는 인생을 살아야 진정한 의미를 가지고 살아가게 될 것이다.

3 가족의 힘

■ 가족은 세상에서 가장 중요하다

세상을 살아가면서 우리는 세상의 사람들과 많은 관계를 맺음으로 위험을 극복하는 힘을 얻는다. 그것은 친구가 될 수 있고 스승과 멘토가 될 수 있다. 또한 여러 경로를 통해 주변 사람들과의 교류에서 얻을 수 있다.

하지만 이들과의 관계보다 비교할 수 없을 정도로 중요한 관계가 있으니 바로 가족이다. 가족은 세상의 모든 것 중 가장 중요한 존재다. 가족만큼 중요한 것은 세상에는 없다. 가족은 세상의 모든 것 중 위험을 극복하는 가장 강력한 힘이며 부와 성공의 가장 큰 원동력이다. 그러므로 가족에 기반을 둔다는 것은 세상에서 가장 강력하고 중요한 것에 기반을 두는 것과 같다.

필자는 넉넉한 환경은 아니지만 매우 훌륭한 가족에서 자라났다. 부모님과 형제들은 가난한 가운데서도 희망이 있었으며 화목을 잃지 않았다. 이런 가족의 모습은 위험을 극복하는 강력한 힘이 되어주었으며 그 위험을 함께 극복하며 성공을 향해 나아갈 수 있었다. 위험이 앞에 있어도 서로를 격려하였고 서로에게 도움이 됨으로써 힘이 되어 주었다. 필자에게는 신앙의 힘 다음으로 위험을 극복하고 성공으로 나아가게 해주는 강력한 기반 그 자체였다. 그리고 가족은 휴식처였다. 세상의 많은 위험에 지치고 지쳤을 때 그 피곤함을 감싸주는 곳이 바로 가족이었다. 가족은 그 피곤함을 감싸 안아 세상의 위험을 극복하는 힘을 다시 얻을 수 있게 해주었다.

이처럼 가족을 중요하게 생각하고 가족에 기반을 두며 그럼으로써 서로를 의지하는 가족이 되면, 그 가족은 위험을 극복하는 가장 강력한 원동력이 되어주는 것이다. 이렇게 화목한 가정에는 사랑이 있으며 소망이 있고 서로에 대한 믿음이 함께한다. 사랑, 소망, 믿음이 함께하고 그것을 서로 불어넣어줌으로써 위험을 극복하는 힘을 얻는 것이다.

그리고 가족은 항상 함께한다. 가족만이 함께해 줄 수 있다. 그 외의 주변 사람들은 모두 상황에 따라 변심을 한다. 하지만 가족은 끝까지 함께한다. 당신의 몸이 반신마비에 걸렸다면 과연 친구들이 간호를 해주겠는가? 아니면 스승과 멘토가 간호를 해줄 것인가? 어느 누구도 당신이 위험을 극복하는 데 있어 가족만큼 힘이 되어 주지 못한다. 그것은 비교할 수 없는 힘이다. 어떤 경우에서든 그리고 그 어떤 것보다도 세상에서 가장 강력한 기반과 힘이 되어주는 것이 바로 가족인 것이다. 그러므로 가족의 힘에 기반을 두고 살아라.

또한 세상에서 가장 중요한 가족이라는 기반에 최선을 다하라. 절대 가족을 소홀히 하지 마라. 가족은 매우 중요한 기반이기 때문에 가족을 소홀히 하게 되면 자신의 기반이 무너지는 것이 되고 그로 인해 자신의 삶 자체가 무너지는 것을 뼈아프게 경험하게 될 것이다. 그러므로 꿈과 목표 그리고 일보다 소중한 것이 바로 가족이다. 가족이라는 기반이 무너지면 그 어떤 성공도 이룰 수 없다. 꿈과 목표 즉 자신의 일보다 가족을 더 소중히 하라. 가족에게 최선을 다하고 그 다음으로 자신의 꿈과 목표를 이루어 나가라.

■ 화목한 가족이 최고의 기반이 되어 준다

세상에서 가장 어리석은 사람의 종류 중 한 가지는 바로 세상에서 쌓인 스트레스를 가족에게 화를 내고 가족에게 함부로 대함으로써 해결하는 사람이다. 세상에서 자신의 모습은 나약하지만 가족 앞에서는 강한 횡포를 부리며 큰소리를 치는 자들이다. 자신의 소중한 가족을 자신 스스로 좀먹고 있는 사람들이다.

이런 부류의 사람들은 자신의 기반을 스스로 무너뜨리고 있는 것이며 스스로도 세상의 위험에 굴복하는 즉 힘이 없는 자이며 오히려 가족에게마저 배척을 당하는 비참한 존재가 된다. 차라리 세상에서 쌓인 스트레스를 가족에게 위로를 받고 함께함으로써 해결해 나가라.

가족은 그 가족 구성원을 괴롭힘으로써 자신의 심정을 해결하는 곳이 아니라 가족 구성원과 함께 소통을 함으로써 위로를 받고 힘을 얻는 곳이다. 그러므로 자신이 세상에서 어떤 대우를 받았고 그로 인해 어떤 고통을 당했든지 가족에게 돌아와서는 가족에게 최선을 다하라. 어떤 경우든 자신의 중요한 기반을 절대 무너뜨리지 마라.

가족은 매우 소중한 존재다. 항상 자신과 함께 할 수 있는 존재며 자신에게 힘이 되어줄 수 있는 존재다. 세상 그 어느 것도 가족을 대신할 수는 없다. 자신에게 도움이 되고 함께 해준다는 전제 조건이 없다고 할지라도 가족은 그 가족 자체의 존재 이유만으로 소중한 것이다.

자신의 반쪽이며 자신의 자식들이며 자신의 부모이며 자신의 형제다. 그 이름만으로도 소중한 것이다. 그런 소중한 가족들에게 자신의 이익을 앞세우는 이기적인 모습이 필요한 것인가? 차라리 그 소중한 가족의 이익을 위해 최선을 다해라. 가족을 이해하고 가족에게 양보하라. 가족에게 자신의 모든 것을 주어라. 그로 인해 굳건해진 자신의 기반이 자신의 위험을 극복하는 힘이 되어 주고 자신의 성공을 향한 강한 원동력이 되어줄 것이다.

화목한 가족을 위해 가족을 놀이터로 만들어라. 가족의 즐거움을 위해 서로 최선을 다해야 한다. 세상에서는 어려워도 가족 안에서는 춤을 추게 만들어야 한다. 즐겁고 화목한 가족은 세상에서 어려움을 겪는다고 해도 가족 안에서 그 어려움을 깨부술 힘을 얻게 해준다. 항상 가족에게 즐거움을 줄 것을 찾아라.

가족 구성원이 서로를 이해하고 양보하며 서로를 위해 최선을 다한다면 그 가족은 최고의 가족이며 가장 훌륭한 기반이 되어주는 가족이 된다. 이런 좋은 기반의 가족은 또한 매우 훌륭한 교육의 모태가 된다. 사실 가장 훌륭한 교육은 화목한 가족의 모습이다. 서로에게 최선을 다하는 화목한 가족의 모습은 자식으로 하여금 성공할 수 있는 최고의 기반이 되어주기 때문이다. 화목한 가족 자체가 살아있는 교육이라는 것을 알아라.

최근 사회는 가족의 붕괴가 너무 많이 발생하고 있다. 그 가족의 붕괴 속에서 자라난 아이들은 과연 어떤 기반에서 자라나는 것인가? 그 아이들은 매우 고통스럽고 힘든 고난 속에서 자라나게 된다. 이런 가족의 기반이 제대로 서지 않은 상태에서 자라난 아이들의 미래는 어떤 통계에서도 밝은 미래를 말해주지 않았다. 좋은 가족의 환경에서 자라난 아이들보다 오히려 위험을 극복하는 힘과 성공을 향한 열망이 적었다.

다시 한 번 말하지만 자신의 가족에게 최선을 다해야 한다. 만약 자신이 세상의 일과 목표에 최선을 다해야 하고 반면 가족에게는 최선을 다하는 노력이 싫다면 그리고 오히려 가족을 자신의 만만한 상대로 생각하겠다면 차라리 가족을 이루지 마라. 가족에게 피해를 끼치지 말고 그 가족에게서 벗어나라. 그러나 가족의 구성원으로 남겠다면 가족에게 최선을 다하는 삶 자체가 자신의 의무라는 것을 알아라. 그리고 자신이 배우자를 통해 새 가족을 이루었다면 그 가족은 그 이후부터 자신이 최선을 다해야 하는 곳이며 그로 인해 삶을 살아가는데 있어 기반이 된다는 것을 알아야 한다.

4 언론을 받아들이는 힘을 길러라

신문, 방송 등 각종 언론 매체가 있다. 일반 사람들은 이 언론이 보도하는 세상에 관한 이야기를 모두 진실로 받아들인다. 만약 신문과 방송 뉴스가 거짓을 보도하면 무엇을 믿고 세상을 바라보겠는가? 하지만 어떤 언론이든 100% 사실을 보도하지 않는다. 만약 언론을 100% 진실이라고 믿는 사람이라면 언론의 거짓말도 사실로 믿을 수밖에 없다. 많은 사람들이 언론의 거짓말까지 모두 받아들이기에 언론은 권력 이상의 힘을 가질 수밖에 없는 것이다. 언론을 맹신하는 것 그 자체가 자신의 삶에 심각한 위험이 된다는 것을 깨달아야 한다.

왜 언론이 100% 진실이 될 수 없을까?

그것은 사람이 쓰고 사람이 전하는 것이기 때문이다. 사람이 쓰는 이상 주관적인 시각이 들어갈 수밖에 없다. 각 언론은 자신에게 이익이 되는 시각에서 사건을 전달한다. 중국의 티베트 사태에 관해 수많은 중국인들이 진실을 보지 못하는 것은 바로 언론이 자국에 이익이 되도록 보도를 했기 때문이다. 한국의 광주민주화운동 때도 언론들은 진실을 전달하지 않았다. 자신이 언론을 맹신한다면 바로 그와 같이 진실을 보지 못하는 맹인이 되어버리는 것과 같다. 언론을 맹신함으로 발생하는 위험은 바로 여기서 시작된다.

진실을 전달하지 않는 언론의 폐단은 무엇인가?

가장 큰 것은 언론의 권력화다. 대다수의 사람들이 언론에 휘둘리다 보니 때로는 언론이 정부의 압력에 의해 정부의 정책에 유리한 기사가 나오기도 한다. 그리고 주요 수입원이 기업으로부터 얻는 광고이다 보니 기업에 유리한 기사를 실을 수밖에 없다. 많은 사람들이 모여 한 가지에 열광적으로 반응하는 것을 좋아하는 요즘 사람들의 특성은 이런 언론의 권력화에 더욱 힘을 실어준다.(언론이 아닌 일부 세력까지 인터넷 포털을 통해 진실인 것처럼 속여 많은 사람들을 선동하는 현상까지 발생하지 않는가?)

그렇다면 언론의 거짓을 어떻게 구별해야 할까?

언론의 진실과 거짓은 구별하기 힘들다. 그럴듯하게 진실을 포함해서 살짝 거짓을 만들기 때문이다. 언론의 보도 내용을 힘들게 진실과 거짓으로 나누어 보려고 노력하기보다는, 언론의 보도 내용의 시각과 반대되는 시각도 함께 고려하면서 봐야 한다. 자신이 언론에 휘둘리지 않는 사람이 되고자 한다면 항상 두 가지 시각

이상으로 언론을 봐야 한다는 것이다. 예를 들어 수입 농산물 개방에 대한 기사가 떴다면 정부의 시각과 농민의 시각 두 가지를 모두 고려하면서 봐야 한다는 것이다.

그리고 세상을 객관적으로 보기 위해 노력해야 한다. 문제에 진실로 다가서려면 두 가지 시각을 모두 고려해보고, 진실을 객관적으로 선별해서 받아들이는 것이 필요하다. 즉 다양한 시각을 통해 언론을 받아들이고 그것으로 언론을 분별하는 힘을 기르라는 것이다. 이것이 언론을 보는 기반이 되어야 한다. 특히 그것이 언론이 아니라 소문이라면 더욱 다양한 시각으로 진실을 찾아야 할 것이다. 언론을 자신에게 도움이 되도록 이용하는 사람과 언론에 휘둘려 그들의 권력에 이용되는 사람의 차이는 바로 여기에 있다.

5 리더십의 진실한 기반을 알아라

리더에는 여러 가지 유형이 있다. 자기중심적으로 사람들을 이끄는 리더들이 있고 많은 사람들의 의견에 귀를 기울여 중재하는 리더도 있다. 하지만 어떤 리더라도 필자가 지금 설명하는 리더의 매력과 존재감에는 미치지 못할 것이다. 그것은 바로 남의 부족한 부분을 채워주는 리더다.

그렇다면 남의 부족함을 채워주는 리더란 무엇인가?

완벽한 사람은 없다. 누구든지 성격, 능력 등 다양한 것에서 부족함이 있다. 한 가지 프로젝트나 어떤 일을 함께 한다면, 부족함을 채워주는 리더는 팀원들의 부족한 능력을 채워주어 각 팀원들이 부족한 능력에 신경 쓰지 않고 자신의 능력을 최고로 발휘하도록 도와주는 것이다.

코치를 예로 들어보자. 노래를 잘 부르는 한 사람이 가수가 되고자 한다. 하지만 이 사람은 눈이 멀어 악보를 볼 수 없다. 코치는 이 사람의 눈 역할을 함으로써 가수가 노래를 더욱 잘 부르도록 할 수 있다. 다르게 보면 섬기는 리더, 하인 리더와 비슷하다.

남의 부족함을 채워주는 리더의 매력은 무엇인가?

어떤 일을 하는 데 있어 자신의 부족함을 채워주는 사람이 있다고 하자. 그 사람에게 의지하지 않을 수 있는가? 자신에게 있는 능력의 부족함을 채워주어 보다 더 효과적으로 일을 할 수 있게 하는데 의지할 수밖에 없는 것이다.

이처럼 남의 부족함을 채워주는 리더는 사람들로 하여금 자신에게 의지하게 만드는 매력과 위력이 있다. 그러나 능력을 월등하나 자신만의 생각과 아집으로 사람들을 이끄는 유아독존 형식의 리더는 사람들을 자신의 밑에 두고 부릴 수는 있으나 사람들의 마음을 이끌지는 못한다. 진정한 리더라고 보기 힘들다. 오히려 팀원들의 마음을 통한 조직력을 이끌어내지 못하기 때문에 프로젝트를 진행하는 데 있어 만나는 위험을 효과적으로 극복해내지 못한다.

반면 부족함을 채워주는 리더는 사람들의 마음에서 우러나는 팀의 조직력을 통해 위험을 효과적으로 극복해 낼 수 있다. 팀원들의 부족한 능력이 채워짐으로 최고의 능력을 발휘하게 되니 위험은 더욱더 극복하기 쉬워진다. 즉 리더십의 진실은 바로 남의 부족함을 채워주는 데 있는 것이다.

남의 부족함을 채워주는 리더가 돼야 하는 이유는 무엇인가?

첫째로 자신이 이끄는 사람들의 능력을 최고로 이끌어 내어 최고의 효과를 낼 수 있다. 만약 자신이 회사의 한 프로젝트를 담당하는 리더라면 팀원들의 부족한 부분을 채워주는 리더가 되라. 그렇다면 팀원들은 자신들의 부족함을 신경 쓰지 않고 자신의 장점, 능력을 활용하는 데 모든 힘을 쏟을 수 있다. 그것은 곧 프로젝트가 최고의 성과를 낼 수 있게 한다.

둘째로 자신에게 도움이 된다. 남의 부족한 부분을 채워주는 리더는 반대로 자신의 부족한 부분을 채워줄 수 있는 협력자를 쉽게 구할 수 있다. 남의 부족함을 채워주는 리더는 도움을 받은 사람들로 하여금 보답하고 싶은 마음을 발생시킨다.

남의 부족함은 어떻게 채워줄 수 있는가?

남의 부족함을 채워주는 것은 어려운 것이 아니다. 단지 노력만 있으면 된다. 별다른 능력을 요구하는 것도 아니다. 물론 일의 성격에 따라 별도의 능력을 요구하기도 하지만 노력만 한다면 충분히 도움이 되어줄 수 있다.

어떤 회사에서 한 팀이 있는데 회사의 대표 물품의 판매망을 늘리는 목표를 부여받았다. 그리고 자신이 그 팀의 리더다. 그런데 이 팀의 팀원들에게는 공통적인 고민이 한 가지 있었다. 바로 학업과 일의 중복이다. 마침 학업 성적을 좌우하는 중요한 시기가 팀 프로젝트의 기간과 겹쳐버렸다. 만약 보수적인 리더라면 팀원들의 학업을 배려하지 않고 팀 프로젝트에 더 신경 쓰라고 할 것이다. 하지만 남의 부족함을 채워주는 리더는 근무시간을 바꿔서라도 팀원들을 배려할 수 있다. 예를 들면 점심시간을 줄이고 아침 출근 시간을 빠르게 하는 대신 퇴근을 일찍 시켜 주는 것이다. 대신 근무시간만큼은 팀 프로젝트에 모든 힘을 쏟도록 독려하면서.

당신은 어떤 리더가 되고자 하는가? 리더의 유형에는 꼭 정답이 필요한 것은 아니다. 하지만 어느 것이 가장 모두에게 도움이 되는 리더십의 진실인가는 조금만 생각해도 알 수 있다. 자신의 아랫사람들로 하여금 최고의 능력을 발휘하게 하고 그들로부터 마음에서 우러나는 충성을 받을 수 있는 리더는 바로 남의 부족함을 채워줄 수 있는 리더다.

6 모든 것이 쓸모없고
모든 것이 쓸모 있다는 진실을 알아라

세상의 많은 것은 쓸모 있는 것과 쓸모없는 두 가지 성격을 동시에 지니고 있다. 쓸모없는 것처럼 보이지만 그것이 매우 쓸모 있는 것으로 사용되기도 하고 쓸모 있는 것이지만 동시에 쓸모가 없기도 하다. 사람의 입장에 따라 달라지는 것이 아니라 동시에 두 가지 성격을 가지고 있는 것이다. 세상에 쓸모만 있거나 또는 쓸모가 없는 단 한 가지의 성격을 가지고 있는 것은 거의 없다.

세상의 대부분이 두 가지 성격을 동시에 가지고 있기 때문에 대상을 바라보고 그것을 사용하는데 있어 두 가지 모두를 생각해 봐야 한다. 그래야 쓸모 있는 것에서 쓸모없는 것을 찾아내어 그것을 제거하거나 그것으로부터 오는 피해를 막을 수 있고 쓸모없는 것에서 쓸모 있는 것을 찾아내어 기회를 만들어낼 수 있다.

사람들이 쓸모없는 것으로 여기는 분뇨는 훌륭한 거름이 되며 인체에 해를 끼치는 핵폐기물이라고 해도 재처리를 통해 또 다른 에너지원이 된다. 쓰레기를 사용해 예술 작품을 만들어낼 수 있으며 역시 거의 사용이 필요 없어진 성냥도 작품의 원료로 사용된다.

중요한 것은 자신에게 쓸모없는 것이지만 그것 역시 자신에게 기회로 만들 무엇인가를 찾아내야 할 필요가 있다는 것이다. 시야가 열려 있는 자는 보다 더 쉽고 빠르게 성공에 다가설 수 있다.

달콤한 사과도 밤에 먹으면 독이 되며 정보를 전달해주는 언론도 맹신하면 결국 이용당하게 된다. 더울 때 필요한 선풍기와 에어컨은 사람의 몸에 해를 가할 수 있다. 중요한 것은 쓸모 있는 것이라고 해도 그것을 맹신해서는 안 된다는 것이다. 좋은 것이라고 해서 그것을 맹신하다가는 결국은 발등이 찍혀 피해를 입게 된다.

위의 예에서 볼 수 있듯 쓸모없는 것에서 쓸모 있는 것을 찾아내는 것이 위험을 제거하는 것이고 쓸모 있는 것에서 쓸모없는 것을 찾아내는 것도 위험을 제거하는 것이다. 항상 모든 것에서 쓸모 있는 것과 쓸모없는 것 두 가지를 동시에 보는 눈을 가져라. 그래야 위험을 극복하는 또 하나의 힘을 가질 수 있다.

다시 한 번 말하지만 세상의 것을 보았을 때 쓸모 있는 것과 쓸모없는 것, 그 어느 것 하나만의 성격을 가지고 있는 것은 거의 없다. 생태계의 보고로서 매우 중요한 역할을 하는 바다의 섬은 바다 위를 항해하는 배에게는 암초가 된다. 또는 표류를 당하는 자에게는 목숨을 살릴 수 있는 공간이 될 수 있다. 모든 것은 자신이 어떻게 다루느냐에 따라 돌아오는 결과가 달라질 뿐이다.

7 말을 진실에 두어라

　사람이 말을 조심해야 하는 가장 큰 이유는 사람이 하루에 내뱉는 말이 많기 때문이다. 사람에 따라 다르겠지만 보통 사람들의 하루 말의 양은 적게는 2만에서 많게는 3만 단어나 된다. 직업에 따라 책 한 권 분량의 말을 하는 사람들도 있다. 이렇게 말을 많이 하는데 정작 말에 대한 책임은 가볍게 여기고 있는 것이 문제다. 말을 조심해야 하는 이유는 바로 말의 과도한 남발에 대한 스스로의 규제가 필요하기 때문이다.

　말도 책임을 요구한다. 잘못 내뱉은 말로 다툼이 발생하며, 잘못 내뱉은 말로 주변 사람의 마음을 잃는다. 말을 잘못한다면 그만큼 잃어버리는 것이 많다. 그렇기 때문에 말에 실수가 있는 것이 바로 위험이 된다.

· 말을 잘못함으로 패가망신한 사람들도 많은데 그것은 말을 통해 생기는 위험에 대해 무감각하기 때문이다. 요즘 아이들을 보면 자신이 하는 말에 대한 책임성을 점점 잃어가는 것을 느낄 수 있

다. 길거리를 다니다 보면 욕을 입에 달고 다니는 아이들이 너무 많이 보인다. 이제는 아이들이 욕을 하는 모습을 봐도 심각성을 느끼지 못한다. 말에 대한 책임과 그 위험성을 아이들에게 가르치지 않은 탓이다.

한번 잘못 내뱉은 말은 평생 자신의 올무가 되어버릴 수 있다. 우리가 형제에게 자신도 모르게 함부로 말을 내뱉고는 하는데 그것이 평생 형제에게 상처로 남을 수도 있다. 이처럼 말은 그 사용량이 많은 만큼 책임의 범위가 크고 무심코 내뱉은 말로 인해 위험에 빠질 가능성이 많기 때문에 항상 주의를 기울여야 한다.

반대로 말은 자신의 가치와 부, 성공을 위한 유용한 도구이기 때문에 역시 주의를 하고 힘을 기울일 필요가 있다. 자신이 말을 어떻게 하느냐에 따라 인생이 달라진다는 것을 항상 기억해야 할 것이다.

그러므로 위험을 극복하고 자신의 가치를 높여주는 말을 하려면 진실에 기반을 두고 하라. 무엇이 자신이 하는 말에 진실이 될지를 생각하고 말을 하라. 남을 헐뜯고 비난하는 것이 진실이 아니라 남을 칭찬하고 인정해주는 것이 진실이 될 것이며, 헛소리를 수백 마디 하는 것보다 지혜가 실린 말 한 마디가 더욱 진실한 말이 될 것이다. 말은 많이 하는 것이 중요한 게 아니라 진실한 말을 하는 것이 더욱 중요하다.

8 성공담보다 실패담에 더 귀를 기울여라

우리는 성공을 하기 위해 성공한 사람들의 경험담을 경청한다. 그리고 그들의 성공 노하우를 공부한다. 하지만 실패에 대한 이야기를 듣는 데는 인색하다. 실패한 사람들이 이야기하기를 꺼려하기에 실패에 대한 경험담을 찾아보기도 힘들다.

성공한 사람들의 과정 속에 조금이나마 실패에 대한 이야기들이 등장 하지만 성공의 빛에 가려져 잘 보이지 않는다. 그러나 사실 사람들의 생활에서 도움이 되는 것은 성공담이 아니라 실패담이다. 성공의 이야기가 많은 교훈을 가져다주는 것은 사실이지만, 실패의 이야기는 피가 되고 살이 되는 더욱 강력하고 도움이 되는 교훈을 가져다준다.

그러므로 성공한 사람들의 이야기를 듣더라도 그들의 이야기 중간에 나오는 실패와 좌절에 더욱 주목하자. 그리고 그들이 그 실패와 좌절을 어떻게 이겼는지를 주목해야 한다. 즉 위험을 극복하는 과정에 주목해야 한다는 것이다. 그러므로 성공을 위해 성공 경험을 듣고 모으는 것도 좋지만 실패 경험에 귀를 기울이고 실패라는 위험을 극복하는 경험담을 모으는 것이 더욱 필요하다. 실패를 공부하는 것은, 자신에게 다가올 수 있는 실패에 대비해 예방주사를 맞는 것과 같기 때문이다.

실패한 사람들의 경험담을 들었다면 그 실패를 이겨내고 예방할 수 있는 방법을 자신의 입장에서 생각해 보자. 실패한 사람들의 이야기를 모으고 그것을 극복하고 예방할 수 있는 방법을 함께 메모해 두면 성공을 하는 데 있어 많은 도움이 되어 줄 것이다. 성공담보다 실패담이 위험을 극복하는 데 보다 더 큰 힘이 될 것이다.

결론

결론

위험을 극복하는 데 도움이 되는 '내 손 안의 책'이 되길 바라며 지금까지 위험을 극복하는 힘에 대해 알아봤다. 다시 한 번 말하지만 위험은 극복하라고 있는 것이며 그 위험은 극복을 통해 자신에게 도움이 되는 것으로 만들 수 있는 것이다. 수영을 못하는 사람에게는 깊은 물은 죽음의 장소와 같다. 하지만 그곳에서 수영을 할 줄 알게 된다면 그곳은 놀이터가 된다. 그리고 자신의 체력을 성장시키는 곳이 된다.

위험은 깊은 물과 같은 것이다. 위험은 매우 두렵고 힘든 것이지만 반면에 그곳에서 우리는 헤엄을 칠 수 있다. 위험은 극복할 수 있는 것이며 또한 놀이터로 생각한다면 그 위험은 자신의 체력을 강화시켜주는 매우 유용한 것으로 변화된다. 그러므로 위험에 굴복하지 말고 위험을 극복해 나가라. 여러분이 지금 처해 있는 위험이 무엇인지 모르지만 그 위험을 극복하고 오히려 그 위험 속에서 헤엄을 치는 재주를 부리도록 본 책이 제시하는 힘들이 도움이 되었으면 하는 바람이다.

이제 위험에 대한 생각이 바뀌었다면 진실의 힘에 기반을 두고 생명의 힘으로 위험을 극복하는 데 앞장서며 상상의 힘을 통해 자신의 계획과 뜻을 펼쳐나가라. 위험을 극복하고 나면 그것이 별거 아니었으며 그리고 그 위험을 극복함으로 인해 자신에게 많은 보상이 있음을 깨닫게 된다. 다시 한 번 말하지만 위험에 굴복하면 그 위험에 삼켜져 평생 고통을 당하게 되지만 그 위험을 삼켜버린다면 그 위험은 자신의 배 속에서 소화되어 보약이 되어줄 것이다. 매우 쓰다고 그것을 뱉어내지 마라. 인내하는 자가 단맛을 볼 것이다.

위험은 극복하라고 있는 것이라고 했다. 그리고 위험을 당장 극복하도록 노력하라고 했다. 즉 위험을 극복하는 것은 바로 그 위험을 극복하자는 실천과 행동에 있다. 당신이 위험을 극복하기 위해 발걸음을 떼는 순간 그 위험은 극복되기 시작할 것이다. 단지 위험을 '극복하겠다, 극복하지 않겠다'의 선택이 자신에게 필요할 뿐이다.

우리는 보통 위험을 극복하는 것은 긍정의 힘에 있다고 믿는다. 하지만 맹목적인 긍정의 힘은 아무 필요가 없다. 오직 어떤 상황에서든 그 위험을 극복하겠다는 실천과 행동이 중요할 뿐이다. 필자가 처음에 우주가 움직여 자신을 이롭게 해준다는 허무맹랑한 생각을 경계한 것은 바로 이런 이유 때문이다. 공짜와 쉬운 것을 바라지 마라. 어떤 위험이든 그것은 피땀이 서린 대가를 요구한다.(지금까지 필자가 제시한 생명의 힘을 가지는 것이 쉬울 것이라고 보는가? 또는 상상의 힘을 가지는 것이 쉬운 것으로 보는가? 진실의 힘을 가지는 것은 또 어떤가? 하지만 위험을 극복하고 성공으로 향해 나아가는 데 있어 마땅히 필요한 것들이 바로 이 세 가지 힘이다. 그러므로 당신이 이 세 가지를 활용하여 위험을 극복해나간다면 그 힘을 활용하는 것 자체가 자신이 치르는 대가가 될 것이다.)

만약 자신이 반신이 마비되어 있는데 그 위험을 극복하고 뜻을 이루고자 한다면 그것이 쉬울 것이라고 보는가? 그것은 결코 쉽지 않다. 하지만 반면에 쉽지 않기 때문에 의미가 큰 것이다. 당신이 반신불구에도 불구하고 힘든 대가를 치르고 뜻을 이루게 된다면 그 엄청난 의미로 인해 많은 사람들이 위대하게 볼 것이며 또한 자신 스스로도 많은 내적 보상을 받게 될 것이다.

즉 위험을 극복하는 것은 쉽지 않고 그 위험을 극복하는 것은 철저한 대가를 요구하지만 위험을 극복한 이후에 얻어지는 보물을 생각해야 하는 것이다. 그런데 만약 자신이 위험을 극복하기로 선택을 하였고 열심히 노력을 하였으나 중간에 포기를 하였다면 자신이 '위험을 극복하고 성공으로 나아가겠다고 선택을 했었다'라는 말을 하지 마라. 당신이 포기하는 순간 그 말을 할 자격을 잃게 된다.

당장 이 책부터 논해 보자. 이 책이 당신에게 도움이 되는 책인가? 당신이 처한 위험을 극복하고 성공으로 나아가는 데 있어 도움이 되는 책인가? 하지만 분명히 말하는데 1%의 사람들만이 이 책의 내용을 실천하게 될 것이며 99% 사람들이 이 책을 책장에 꽂아두고 실천하지 않을 것이다.

성공의 길은 좁은 길이기에 많은 사람들이 걷지 않기 때문이다. 또한 대부분의 사람들에게는 실천이라는 것에 무색하기 때문이다. 오직 달콤하고 그럴듯한 정보만이 귀에 들어오고 한 귀로 흘리거나 머릿속 구석에 처박혀 몸으로 전달되지 않는 경우가 대다수다.

현실에 안주하는 것이 대부분 사람들의 모습이다. 그러나 부디 본 책의 내용이 당신의 몸을 움직여주는 힘이 되어주기를 바란다. 만약 이 책의 내용이 도움이 된다면 '내 손 안의 책'으로 만들어라. 분명 위험을 극복하고 성공으로 나아가는 데 있어 많은 도움이 되어줄 것이다. 그리고 실천하는 1%의 사람이 되어라. 이 책을 읽는 많은 사람들이 성공이라는 좁은 길을 걷는 1%가 되기를 바란다.